विद्यालय संगठन

जगदीश चन्द
सुमन गुप्ता

ANSHAH
Anshah Publishing House

Rs. 395; US$ 20

ISBN: 978-81-8364-068-8

Published in 2010

विद्यालय संगठन

Published by:

ANSHAH PUBLISHING HOUSE
LG 18-19, Pankaj Central Market,
Patparganj, Delhi 110092, Ph.: 22235152, 22236152
Email: info@shiprapublication.com
Website: www.shiprapublication.com

प्राक्कथन
(Preface)

शिक्षा के आधार पुस्तक सर्वप्रथम शिप्रा पब्लिकेशन द्वारा 2008 में प्रकाशित की गई और यह पुस्तक तीन खण्डों में विभाजित है। विद्यार्थी वर्ग की आवश्यकता के मध्य नजर तीन खण्डों पर पृथक-पृथक पाठ्य-पुस्तक छापने का निर्णय लिया गया। आशा है इस प्रयत्न का लाभ उठाया जा सकेगा।

प्रस्तुत पुस्तक में सभी प्रकरणों से सम्बन्धित आधारभूत तथा महत्वपूर्ण सामग्री जो प्रायः मूल स्त्रोतों तथा दस्तावेजों से ली गई है, को सरल एवम् व्यवहारिक विधि से प्रस्तुत करने का प्रयास किया है। आशा है कि यह विद्यार्थियों की आवश्यकताओं की पूर्ति करेगी।

लेखक उन सभी लेखकों एवम् प्रकाशकों के आभारी हैं जिनके प्रकाशनों ने इस पुस्तक को और उपयोगी बनाने में सहायता की।

विषय–सूची
Contents

1

आदर्श कला अध्यापक के गुण
(Qualities of an Ideal Teacher)

आदर्श अध्यापक के गुणों का उसके उत्तरदायित्वों से सम्बन्ध
(RELATIONSHIP BETWEEN THE QUALITIES AND THE RESPONSIBILITIES OF AN IDEAL ART TEACHER)

अध्यापक के गुणों का उसके उत्तरदायित्वों से गहरा सम्बन्ध होता है। अध्यापक चाहे कला का हो अथवा अन्य विषयों का, उसके अनेक उत्तदायित्व एक जैसे ही हैं। अतः इस विषय पर चर्चा करते समय हमें उसके कार्यों तथा उत्तरदायित्वों पर भी दृष्टिपात करना चाहिए। समाज में उसके प्रति परम्परागत से किस प्रकार की धारणा रही है, उस पर भी ध्यान देना जरूरी है।

अध्यापक के कार्य के महत्त्व के बारे में विद्वानों तथा विचारकों के परम्परागत विचार
(TRADITIONAL VIEWS OF SCHOLARS AND THINKERS ON THE ROLE OF THE TEACHER)

1. अध्यापक राष्ट्र के भाग्य का मार्गदर्शक (Teacher as a guide of the Future of a Nation)

डॉ. राधाकृष्णन के मतानुसार अध्यापक का समाज में महत्त्वपूर्ण स्थान है। वह बौद्धिक परम्पराओं और तकनीकी निपुणताओं को एक पीढ़ी से दूसरी पीढ़ी तक संचारण हेतु धुरी का कार्य करता है और सभ्यता के दीपक को प्रदीप्त रखने में सहायक होता है। वह केवल व्यक्ति का ही मार्गदर्शन नहीं करता,

कहना यह चाहिए कि वह राष्ट्र के भाग्य का ही मार्गदर्शन करता है। अत: अध्यापकों को समाज के प्रति अपने बढ़ते उत्तरदायित्वों को अनुभव करना चाहिए, दूसरी ओर समाज के लिए यह आवश्यक होगा कि वह अध्यापन व्यवसाय का उचित आदर करे और इस बात का संकल्प करे कि अध्यापक को किसी चीज की कमी न रहे और उसे समाज में ऐसा स्थान दिया जाए कि वह छात्रों से आदर प्राप्त कर सके।

2. अध्यापक हमारे भविष्य के निर्माता के रूप में (Teacher as the Builder of Our Future)

डॉ. जाकिर हुसैन का मत है, "वास्तव में अध्यापक हमारे भविष्य का निर्माता है। समाज अपने ही विनाश पर उसका तिरस्कार कर सकता है। अध्यापक भी समाज के कल्याण के लिए असन्दिग्ध रूप से परस्पर आदान-प्रदान करे और अपने छात्रों के कल्याण हेतु प्रयत्न करे। स्वयं भी एक अध्यापक होने के नाते मैं एक अध्यापक के उत्तरदायित्वों से भली-भाँति परिचित हूँ।"

3. शिक्षक किसी भी शिक्षा-प्रणाली का महत्वपूर्ण घटक (Teacher as an Important Part of an Educational System)

पद्धति के एक महत्त्वपूर्ण घटक के रूप में: केन्द्रीय शिक्षा मन्त्रालय के भूतपूर्व सचिव श्री प्रेम कृपाल का मत है कि "सम्पूर्ण विश्व की दृष्टि आज उस पर केन्द्रित है। उसे किसी भी शिक्षा-प्रणाली का एक महत्त्वपूर्ण घटक माना गया है। उसके प्रशिक्षण, त्याग और दक्षता पर ही शिक्षा का सम्पूर्ण ढाँचा आधारित है। वह शिक्षा की गुणवत्ता की कुंजी है, शैक्षिक साधनों की कोटि अध्यापकों के संभरण पर निर्भर करती है, शैक्षिक पद्धति में महत्त्वपूर्ण परिवर्तन उसकी पहल-शक्ति पर निर्भर है।"

4. अध्यापक एक रचनात्मक कार्यकर्त्ता के रूप में (Teacher as a Creative Worker)

प्राचीन काल में शिक्षक चाहे भारत, अरब या ग्रीक कहीं के भी हों, वे इसीलिए पढ़ाते थे क्योंकि उन्होंने उच्च ज्ञान प्राप्त किया था। ज्ञान केवल मात्र योगात्मक नहीं था, सावधानी से चयन की गई सामग्री का संचय होता था। यह आधारभूत सिद्धान्तों

की खोज थी। प्लेटो ने जो संगीत के लिए कहा था, वह शिक्षा के लिए भी सत्य है। यह केवल मात्र अनुसमता नहीं वरन् आत्मा की प्रत्यक्ष वृत्ति है। सुशिक्षण के लिए अध्यापक का उत्तरदायित्व महान है।

5. अध्यापक का राष्ट्र की उन्नति में महत्त्वपूर्ण स्थान (Significant Place of the Teacher in the Progress of the Nation)

डॉ. डी.एस. कोठारी अध्यापक एवं समाज के कर्त्तव्य के विषय में कहते हैं, "हमारे राष्ट्र की उन्नति एवं विकास हेतु शिक्षा का महत्त्वपूर्ण स्थान है। शिक्षा का स्तर अध्यापकों पर विशेष उत्तरदायित्व डालता है। समान रूप से यह भी आवश्यक है कि सरकार एवं अन्य संस्थाएँ अध्यापकों के कार्य एवं सेवा की परिस्थितियों के सुधार हेतु कार्य करें ताकि वे शिक्षा एवं अन्वेषण में अपना अधिकतम योगदान कर सकें।"

6. शिक्षक इतिहास का वास्तविक निर्माणकर्त्ता है (Teacher as the Real Maker of History)

एच.जी. वेल्स ने इस प्रकार का स्थान शिक्षक को दिया है।

7. शिक्षक शिक्षा-प्रणाली की धुरी है (Teacher as the Orbit of the System of Education)

प्रो. हुमायूँ कबीर कहते हैं, "बिना अच्छे शिक्षकों के उत्तम शिक्षा-प्रणाली भी असफल हो जाएँगी, अच्छे शिक्षकों द्वारा किसी प्रणाली के दोष भी दूर किए जा सकते हैं।"

8. शिक्षण महत्त्वपूर्ण व्यवसाय (Teaching as Significant Profession)

टायण्डल (Tyndall) के अनुसार, "यदि कोई व्यवसाय अत्यधिक महत्त्वपूर्ण है तो मेरे विचार में वह स्कूल में शिक्षक का है।"

9. ब्रह्मा का रूप शिक्षक (Teacher as the Brahama)

मुनि मनु के अनुसार, ''शिक्षक ब्रह्मा का रूप है, पिता प्रजापति का रूप है और माता पृथ्वी स्वरूपा है।''

10. एक भारतीय प्रार्थना के अनुसार शिक्षा ब्रहमा विष्णु तथा शिव का रूप (Teacher as the Brahama, Vishnu and Shiva)

शिक्षक निर्माणकर्त्ता ब्रह्मा है, वह परमात्मा विष्णु है, वह परमात्मा महेश्वर है। वह सम्पूर्ण विश्व है। मेरा उसे नमस्कार है।

11. प्रथम कोटि के अध्यापक तथा प्रथम कोटि का राष्ट्र ('A' One Teacher: 'A' One Nation)

डॉ. ई.ए. पायर्स (Dr. E.A. Pires) लिखते हैं, ''यदि राष्ट्र के अध्यापक तृतीय कोटि के हैं तो इसमें कोई सन्देह नहीं कि राष्ट्र भी तृतीय कोटि का होगा। यदि हम प्रथम कोटि के होना चाहते हैं तो हमारे अध्यापकों को प्रथम कोटि का होना होगा।''

12. अध्यापक की भूमिका (Role of the Teacher according to Secondary Education Commission)

माध्यमिक शिक्षा आयोग के अनुसार: ''हमें पूर्ण विश्वास है कि इस अपेक्षित पुनर्निर्माण में अध्यापक का स्थान उसके व्यक्तिगत गुण, शैक्षिक योग्यता तथा व्यावसायिक प्रशिक्षण पर है। विद्यालय की प्रसिद्धि और समाज पर इसका प्रभाव, कार्य करने वाले अध्यापकों पर ही निर्भर करता है।''

13. अध्यापक का जीवनपर्यन्त प्रभाव (Life Long Influence of the Teacher)

हेनरी आदम (Henry Adams) का मत है, ''मात-पिता जन्म देते हैं, इसके अतिरिक्त कुछ नहीं करते। एक हत्यारा जीवन का अन्त करता है और वहीं उसके कार्य की इतिश्री हो जाती है। एक अध्यापक का प्रभाव अन्त तक होता है। वह कभी नहीं कह सकता कि उसका प्रभाव कहाँ समाप्त होता है।''

अध्यापक के प्रमुख उत्तरदायित्व
(MAIN RESPONSIBILITIES OF THE TEACHER)

अध्यापक का मौलिक कार्य बालकों के अधिगम अनुभवों को इस प्रकार पहल देना, निर्देशित तथा मार्गदर्शित करना है कि वे अपनी क्षमतानुसार अपना बौद्धिक, सौन्दर्यात्मक, चारित्रिक, शारीरिक एवं भावात्मक विकास करके समाज के उपयोगी सदस्य बन सकें। अध्यापक के मुख्य उत्तरदायित्व इस प्रकार हैं: 1. छात्रों का चारित्रिक विकास। 2. प्रभावशाली शिक्षण अधिगम। 3. पाठ्यक्रम का विकास एवं संचालन। 4. छात्रों के व्यक्तिगत अन्तरों का निराकरण तथा विकास। 5. कक्षा प्रबन्ध। 6. छात्र तथा अन्य अभिलेखों का रखना। 7. पाठान्तर क्रियाओं का आयोजन। 8. छात्रों का शैक्षिक तथा व्यावसायिक मार्गदर्शन। 9. छात्रों के कार्य का मूल्यांकन। 10. विद्यालय में मानवीय सम्बन्ध स्थापित करना। 11. प्रभावी सामुदायिक सम्बन्ध। 12. विभागीय नियमों का पालन करना। 13. अपना व्यावसायिक विकास करना। 14. सम्पूर्ण विद्यालीय व्यवसाय में निर्माणात्मक भागीदारी निभाना।

यहाँ पर कुछ प्रमुख उत्तरदायित्वों पर चर्चा की जा रही है:

छात्रों का चारित्रिक विकास (Character Development of Students)

(i) आदर्शवादी वातावरण का निर्माण करना।

(ii) छात्रों के पारस्परिक सहयोगपूर्ण सम्पर्क में विधिवत् मैत्रीपूर्ण सहायता प्राप्त करना।

(iii) दूसरों के अधिकारों, सुविधाओं तथा विचारों के प्रति छात्रों के मन में आदर की भावना उत्पन्न करना।

(iv) ऐसी सामुदायिक परिस्थितियों का उत्पन्न करना जिससे छात्रों में उपयुक्त नेतृत्व और भाईचारे के गुण विकसित हो सकें।

(v) कक्षा एवं विद्यालय के वातावरण में इस प्रकार व्यवहार का स्तर बनाना जो कि समाज के स्वीकृत व्यवहार के अनुरूप हों।

(vi) सदाचार एवं नैतिक समस्याओं पर चर्चा एवं उनसे सम्बन्धित ज्ञान शक्ति के विकास से नैतिक स्तर के तर्क की समझ छात्रों में उत्पन्न करना।

(vii) प्रत्येक छात्र की विचार एवं कार्य करने की वैयक्तिकता को प्रोत्साहित करना।

प्रभावी शिक्षण अधिगम विधि (Effective Teaching-learning Methodology)

(i) इस प्रकार की शिक्षण सामग्री और विधि का चयन करना जोकि सीखने की क्रिया में सुविधा प्रदान करे और सीखने की भावना को उत्तेजित करे।

(ii) छात्रों की आवश्यकता, पृष्ठभूमि एवं योग्यता के अनुसार अध्यापन करना।

(iii) वार्तालाप, प्रदर्शन, दृश्य एवं मौखिक प्रदर्शन, कविता पाठ, प्रयोग, विशेष योजना और क्षेत्र भ्रमण आदि उपयुक्त विधियों से पढ़ाना।

(iv) विभिन्न शिक्षण पद्धतियों का विश्लेषण एवं मूल्यांकन करना जिससे सीखने की क्रिया में सुधार किया जा सके।

(v) छात्रों की रुचि एवं ध्यान को प्राप्त करने के लिए प्रयत्न करना जिससे शिक्षण प्रभावी वातावरण में किया जा सके।

(vi) पढ़ाई गई सामग्री का उपयोग इस प्रकार करना जिससे का ऐसा आदर्श स्थापित हो जाये कि उसका प्रयोग भविष्य में दूसरे क्षेत्रों में किया जा सके।

(vii) छात्रों का समीक्षात्मक विचारों के विकास लिए मार्गदर्शन करना।

(viii) उपयुक्त कार्य, अध्ययन-निपुणता एवं आदतों का विकास करना।

(ix) छात्रों को पाठ-योजना क्रिया में भाग लेने के लिए प्रोत्साहित करना।

(x) छात्रों की आवश्यकताओं एवं अभिरुचियों पर आधारित किसी एक विषय या कौशल के लिए किसी सीमा के अन्तर्गत विस्तृत रूपरेखा एवं उद्देश्यों का निर्माण करना।

(xi) यह आश्वसत कर लेना कि शिक्षण आरम्भ होने से पूर्व ही उद्देश्यपूर्ण और निर्देशित अध्यापन हेतु उपयुक्त तैयारी कर ली गई है।

पाठ्यक्रम का विकास एवं संचालन (Development and Implementation of Curriculum)

(i) वर्तमान पाठ्यक्रम की विषयवस्तु के अध्ययन और उसके सुधार हेतु कार्यक्रम में भाग लेना।

(ii) पढ़ाए जाने वाले विषय के उद्देश्य, क्षेत्र और पद्धतियों को निर्धारित करना।

(iii) छात्रों के लिए अध्यापन कार्यक्रम को समृद्ध बनाने हेतु आवश्यकता होने पर दत्त कार्य (Assignment) बनाना।

(iv) अपने विषय-का दूसरे विषयों शिक्षण-अधिगम से सह-सम्बन्ध स्थापित करना।

वैयक्तिक भेदों और विकास स्तरों को ठीक करने की व्यवस्था (Provision for Meeting the Individual Differences of Students)

(i) सीखने हेतु तत्परता की स्थापना के लिए बाल मनोविज्ञान के आधारभूत ज्ञान का उपयोग करना।

(ii) अध्यापन एवं सीखने की क्रियाओं के सुधार हेतु प्रत्येक छात्र की पृष्ठभूमि एवं विद्यालय से बाहर के वातावरण के बारे में जानने का प्रयत्न करना।

(iii) प्रत्येक छात्र में वैयक्तिक वृद्धि और आदर्श की भावना का विकास करना।

कक्षा का प्रबन्ध (Class Management)

(i) कक्षा की भौतिक सामग्री की रक्षा हेतु छात्रों को उत्तरदायित्व सौंपना।

(ii) सीखने की परिस्थितियों के सुधार हेतु सामग्रियों एवं उपकरणों का विकास, निर्माण और प्रदर्शन करना।

(iii) कक्षा कक्ष का स्वास्थ्यपूर्ण और सुरक्षित दशा में रखना तथा उचित प्रकाश और वातायन की सुविधा प्रदान करना।

(iv) आवश्यक अभिलेख जैसे उपस्थिति पंजिका आदि को तैयार करना और नियमित रूप से आरक्षित रखना।

छात्रों के कार्यों का मूल्यांकन करना (Evaluation of Students' Work)

(i) छात्रों के ज्ञान प्राप्ति के स्तर एवं गुणों का मूल्यांकन करने के लिए उपयुक्त परीक्षा की खोज एवं संचालन करना।

(ii) अध्यापन एवं सीखने की विधियों के सुधार हेतु परीक्षा परिणामों की समीक्षा करना और छात्रों की उन्नति या अवनति का रिकार्ड तैयार करना।

(iii) छात्रों के गृहकार्य और अन्य प्रकार के कार्यों का मूल्यांकन करना।

(iv) छात्रों के मूल्यांकन करने में विशेषज्ञों का सहयोग प्राप्त करना।

(v) छात्रों द्वारा किए जा रहे प्रयासों के परिणाम उन्नति पुस्तिका।

अभिभावक एवं सामुदायिक सम्बन्ध (Relations with the Parents and the Community)

(i) अभिभावक शिक्षक संघ एवं इसी प्रकार की अन्य क्रियाओं में भाग लेना।

(ii) सामुदायिक कार्यों में भाग लेना।

(iii) छात्रों की उन्नति एवं व्यवहार से सम्बन्धित विषयों पर माता-पिता से वार्तालाप करने हेतु निश्चित समय पर उनसे मिलना।

(iv) माता-पिता तथा उनके बच्चों के प्रति सहानुभूतिपूर्ण तथा सहायतापूर्ण व्यवहार करना।

(v) माता-पिता से अच्छे सम्बन्ध स्थापित करना और छात्रों की उन्नति, समस्याओं और आवश्यकताओं के बारे में उन्हें सूचित करते रहना।

(vi) अपने वैयक्तिक व्यवहार को समुदाय में इस प्रकार प्रकट करना कि समाज की दृष्टि में विद्यालय एवं अध्यापकों का मान बढ़े।

वृत्तिक अथवा व्यावसायिक विकास (Professional Development)

1. शिक्षा में होने वाले परिवर्तनों से जानकारी रखना।
2. शिक्षण में हो रहे नए अनुसन्धानों से परिचित रहना।
3. प्रमुख व्यावसायिक संगठनों तथा अपने विषय से सम्बन्धित संगठनों का सदस्य बनना।
4. अपने सहयोगी अध्यापकों एवं अन्य सहयोगियों के प्रति नैतिकतापूर्ण व्यवहार करना।

5. अपने विषय सम्बन्धी पुस्तकों, पत्रिकाओं, समाचारपत्रों तथा अन्य स्रोतों से परिचित रहना।
6. अपने ज्ञान विस्तार हेतु सम्मेलनों, गष्ठियों एवं कार्यशालाओं में भाग लेते रहना।
7. अपने विषय तथा सामान्य नवीन एवं विकसित ज्ञान से परिचित रहने के लिए चलचित्र, दूरदर्शन एवं आकाशवाणी का प्रयोग करना।

सम्पूर्ण प्रभावी विद्यालय व्यवस्था तथा वातावरण निर्माण में उचित भागेदारी निभाना (Appropriate Participation in Providing Overall Effective Management and Environment in the School)

1. विद्यालय के सम्पूर्ण उत्तरदायित्व को स्वीकार करना।
2. सभी सहयोगियों को पूर्ण सहयोग देना।
3. शिक्षण सुधारों में भागीदार बनना।
4. विद्यालय के सभी कार्यक्रमों तथा नियमों में दक्षता प्रदर्शित करना।
5. विद्यालय के सभी क्षेत्रों में विकास हेतु निष्ठा से कार्य करना।

आदर्श कला अध्यापक के गुण
(QUALITIES OF AN IDEAL ART TEACHER)

आदर्श कला अध्यापक के गुणों का विवरण करते समय इस बात का ध्यान रखना आवश्यक है कि मोटे तौर पर अध्यापक के गुणों का वर्गीकरण दो प्रकार से किया जा सकता है। ये प्रकार निम्नलिखित हैं:

1. अध्यापक के गुण अध्यापक व्यवसाय के सन्दर्भ में (Qualities Relating to the Teaching Profession)। ये गुण सभी अध्यापकों में होने चाहिए, भले वे कोई भी विषय पढ़ाते हों।
2. अध्यापक के विशेष गुण–विशिष्ट विषय के सन्दर्भ में (Qualities of the Teacher relating to the Special Subject the teacher teaches)

शिक्षा-अधिगम प्रक्रिया में अध्यापक का कार्य चार्ट

(TEACHER'S JOB CHART IN THE TEACHING LEARNING PROCESS)

(1)	(2)	(3)	(4)	(5)	(6)	(7)	(8)	(9)
किसने पढ़ाना है? अध्यापक ने। अत: उसे अपनी क्षमताओं तथा सीमाओं को जानना होगा।	किसे पढ़ाना है? छात्रों को। अत: उसे अपने छात्रों की विभिन्नताओं, क्षमताओं तथा सीमाओं को समझना होगा।	क्यों पढ़ाना है? अध्यापक पढ़ाने के लक्ष्यों को अच्छी प्रकार समझे।	कहाँ पढ़ाना है? स्कूल में। अत: स्कूल के अर्थ को अच्छी प्रकार समझ लेना चाहिए।	क्या पढ़ाना है? विभिन्न विषयों को पढ़ाना है। इसलिए अध्यापक अपने विषय अथवा विषयों के बारे में पूरी जानकारी तथा दक्षता रखें।	कैसे पढ़ाना है? इसका सम्बन्ध पढ़ाने की विभिन्न पद्धतियों तथा युक्तियों आदि से है। अध्यापक को इनसे भली-भाँति परिचित होना चाहिए।	कब पढ़ाना है? इसका सम्बन्ध छात्रों में पढ़ने के प्रति प्रेरणा तथा उत्साह बढ़ाने से है।	कौन-सी सहायक सामग्री पाठ की विषय-वस्तु को कैसे रुचिकर तथा प्रभावी बना सकती है? इसका सम्बन्ध शिक्षण सहायक सामग्री के उचित प्रयोग से है।	अधिगम कितना प्रभावी है? इसका सम्बन्ध छात्रों के मूल्यांकन से है।

अध्यापक के सामान्य गुण
(GENERAL QUALITIES OF A TEACHER)

1. अच्छा उच्चारण (Modulated Voice)

एक अध्यापक को अधिकतर व्याख्या द्वारा ही बालकों को शिक्षा देनी होती है। उसका उच्चारण भी अच्छा हो और उसके उच्चारण में प्रभाव भी हो। अध्यापक के उच्चारण में रस भी हो, मिठास भी हो और शक्ति भी हो, तभी वह छात्रों को प्रभावित कर सकता है।

2. निष्पक्ष व्यवहार (Impartial Treatment)

निष्पक्ष अध्यापक दूसरों के विचारों का सत्कार करता है, चाहे वह उनसे सहमत न भी हो। वह सभी छात्रों से चाहे वह हिन्दू हों या मुसलमान; सिक्ख हों या ईसाई; यहूदी हों या पारसी, समान व्यवहार करता है।

3. प्रजातन्त्रवादी दृष्टिकोण (Democratic point of View)

भारत एक प्रजातान्त्रिक देश है। इसलिए हमें बालकों के मन में आरम्भ से ही ऐसे भाव पैदा करने चाहिये कि वे प्रजातान्त्रिक समाज के उत्तम नागरिक बन सकें। यदि हमारे अध्यापक प्रजातन्त्रवादी होंगे तभी हम इस लक्ष्य में सफल हो सकेंगे। यही बात काफी नहीं कि हमारे अध्यापक प्रजातान्त्रिक सिद्धांतों को जानते हों, बल्कि उनका समस्त जीवन ही प्रजातान्त्रिक मार्ग पर चलना चाहिए। यह गुण केवल पढ़ाने से या व्याख्यानों द्वारा पैदा नहीं होते। ऐसा स्वभाव बनाने के लिए जरूरी है कि स्कूल के छोटे से समाज का जीवन हर प्रकार से प्रजातान्त्रिक हो और छात्र वास्तविक जीवन द्वारा प्रजातान्त्रिक आदतें अपने आप में पैदा करें। स्कूल का कार्य प्रजातान्त्रिक नियमों के अनुसार तभी चल सकता है, यदि अध्यापकों के अपने विचार भी प्रजातान्त्रिक हों।

4. अध्ययन में रुचि (Interest in Studies)

एक अध्यापक हर समय एक अच्छा विद्यार्थी भी होता है। वह हर समय नया ज्ञान प्राप्त करता रहता है। ज्ञान एक ऐसी वस्तु नहीं है जो एक बार मस्तिष्क में भर ली जाये और फिर सारी आयु उसका प्रयोग किया जाये। इसलिए अध्यापक के लिए अपने विशेष विषय का और दूसरे सभी विषयों का निरन्तर अभ्यास अति आवश्यक है।

5. साधारण ज्ञान तथा विद्वता (General Knowledge and Special Knowledge)

उच्च कक्षाओं में अध्यापक का मुख्य कार्य किसी एक या अधिक विषयों की शिक्षा देना होता है। प्रारम्भिक स्कूलों में अध्यापक को किसी एक या दो और कई बार पांचों कक्षाओं को सारे ही विषय पढ़ाने पड़ते हैं। इसलिए जरूरी है कि अध्यापक अपने विषय में निपुण हो। अपने विशेष विषय के अतिरिक्त दूसरे सम्बन्धित विषयों का ज्ञान भी रखता हो और सामान्य ज्ञान में भी अधूरा न हो।

6. व्यवसाय के प्रति प्रेम (Love for the Profession)

अध्यापक को अपने व्यवसाय का महत्त्व समझना चाहिए। वह अपने व्यवसाय के प्रति अन्याय करता है यदि वह एक बार इसे अपनाकर दूसरे कार्यों में व्यस्त रहता है। अपने व्यवसाय के प्रति बिना निष्ठावान हुए वह उन नवयुवकों एवं नवयुवतियों की एक अच्छी नस्ल तैयार नहीं कर सकता जो कि मानव कल्याण के लिए अपना योगदान देने में समर्थ हैं।

7. बच्चों के प्रति प्रेम (Love for the Children)

ऐसा कहा गया है कि यदि अध्यापक के हृदय में बालक एवं बालिकाओं के प्रति प्रेम नहीं है तो उसे इस व्यवसाय को त्याग देना चाहिए। अच्छा शिक्षक बच्चों के साथ कार्य करने में लगातार एक प्रकार की शक्ति के स्रोत का अनुभव करता है। यह कहावत प्रसिद्ध है कि "बच्चे को प्यार करो तो बच्चा भी तुमसे प्यार करेगा; बच्चे से घृणा करोगे तो वह भी तुमसे घृणा करेगा।" जो बच्चों से प्यार नहीं करता उसे शिक्षण व्यवसाय में नहीं रहना चाहिए।

8. छात्र की वैयक्तिकता का सम्मान (Consideration for the Individual Differences of the Students)

बालक की आत्मा जो कि पवित्र एवं बहुत नाजुक है, उसे बहुत ही कोमल देखभाल की आवश्यकता है। उसकी आत्मा और गौरव की भावना को ठेस नहीं पहुंचानी चाहिए। *एमर्सन* (*Emerson*) का मत है–"शिक्षा का रहस्य छात्रों के आदर में छिपा है।" एक बालक चाहता है कि उसकी बात सुनी जाए और उसकी राय को उसके बालक होने मात्र के कारण अस्वीकृत न कर दिया जाए।

9. मनोविज्ञान का ज्ञान (Knowledge of Psychology)

शिक्षा की समस्याओं एवं बालकों के विकास के लिए मनोविज्ञान का ज्ञान अति आवश्यक है। बिना इसके समय, शक्ति और मानव साधन निरर्थक होंगे। बाल मनोविज्ञान के ज्ञान से अध्यापक बालकों के वैयक्तिक अन्तर, प्रकृति, स्वभाव, आदतों एवं व्यवहार के विषय में अच्छी जानकारी प्राप्त कर सकता है।

10. बालक के विषय में अंतरंग जानकारी (Deep knowledge about the Child)

बच्चे प्रौढ़ व्यक्ति के 'सूक्ष्म रूप' नहीं हैं। उनके अनोखे विचारों एवं भावनाओं का अध्ययन किया जाना चाहिए। उनके नाम याद करने चाहिए और उनकी आकृति पहचाननी चाहिए। उन्हें ऐसा आभास नहीं होना चाहिए कि अध्यापक उनके प्रति उदासीन है। उनके विषय में पूर्ण जानकारी प्राप्त करने हेतु प्रत्येक स्रोत को खोजना चाहिए।

11. बच्चे के अधिकारों के विषय में पूर्ण जागरूकता (Awareness of Rights of Child)

अन्तर्राष्ट्रीय बाल कल्याण संघ जो कि बच्चों के शारीरिक, मानसिक, आध्यात्मिक कल्याण के लिए कार्य कर रहा है, उसकी घोषणाओं को प्रत्येक अध्यापक को स्वीकार करना चाहिए।

12. शिक्षण पद्धति का ज्ञान (Knowledge of the Teaching Methodology)

एक रचनात्मक अध्यापक आधुनिकतम शिक्षण पद्धतियों से हमेशा सम्पर्क स्थापित किये रखता है और उनका उपयोग अपनी कक्षा में करता है। दो किसानों के पास सामान भूमि हो सकती है। वे दोनों अधिक अनाज उत्पन्न करने की महत्वाकांक्षा रखते हैं, परन्तु सभी बातें समान होने पर भी जो कृषि की अच्छी पद्धति का प्रयोग करता है, उसे सुपरिणाम मिलता है। इसी प्रकार जो अध्यापक शिक्षण की उचित पद्धति का प्रयोग करता है, उसका अध्यापन अधिक सुरूचिपूर्ण और प्रभावशाली होता है। एक अध्यापक को किसी एक प्रणाली से चिपके नहीं रहना चाहिए और न उसका दृष्टिकोण परिवर्तन–विरोधी होना चाहिए परन्तु उसे अपनी कक्षा में विशेष परिस्थिति में छात्र की

बौद्धिक योग्यता की आवश्यकता को देखकर विकासपूर्ण एवं उन्नतिशील प्रणाली का उपयोग करना चाहिए। उसे अपना कुछ समय नई पद्धतियों की खोज में व्यय करना चाहिए। यह उसके लिए लाभप्रद सिद्ध हो सकता है।

13. विषयवस्तु पर अधिकार (Mastery of the Subject Matter)

एक अध्यापक को अपने विषय का पूर्ण ज्ञान होना चाहिए। इसके अतिरिक्त उसका अपने अपने विषय के प्रति प्रेम होना चाहिए। एक अध्यापक जो अपने विषय से प्रेम नहीं करता वह अपने छात्रों को प्रोत्साहित करने में भी असफल रहता है और एक पाखंडी कहलाने का अवसर दे सकता है।

14. दैनिक तैयारी (Daily Proposation)

एक अच्छी तरह से तैयार किया गया पाठ शिक्षण में आने वाली घबराहट और असुरक्षिता को दूर कर सकता है। *बागले* (*Bagley*) दैनिक तैयारी के महत्व को इन शब्दों में कहते हैं, "अध्यापक चाहे कितना ही अनुभवी और योग्य क्यों न हो, वह बिना प्रारम्भिक तैयारी के कुछ नहीं कर सकता।"

15. प्रश्न पूछने में निपुणता (Art of Questioning)

अध्यापक की सफलता कक्षा में प्रश्न पूछने की कला पर भी निर्भर करती है। जो दोषरहित ढंग से प्रश्न पूछता है वह प्रभावशाली ढंग से पढ़ाता भी है। इसी प्रकार छात्रों के प्रश्नों का उत्तर भी सावधानी से दिया जाना चाहिए।

16. सहायक सामग्री का उपयोग (Use of Teaching Aids)

विभिन्न शिक्षण सहायक सामग्री पाठ में स्पष्टता और सजीवता ला सकती हैं।

16. सुचेतन शक्ति (Thinking Power)

सफल अध्यापन के लिए सुचेतन शक्ति का होना आवश्यक है। इससे बीमारी, सामान्य थकान आदि के कम होने के कारण दैनिक कार्य में कम से कम बाधाएं पड़ती हैं।

17. सु–स्मरणशक्ति (Good Memory)

एक कमजोर स्मरणशक्ति का अध्यापक हास्यास्पद बन जाता है। अध्यापक के लिए पाठ का विभिन्न वस्तुओं से सह–सम्बन्ध स्थापित करने के लिए सु–स्मरणशक्ति बनाए रखना चाहिए।

18. आशावादी दृष्टिकोण (Optimistic Point of View)

एक अध्यापक जिसकी आत्मा सिकुड़ गई है, जिसका हृदय क्षीण हो गया है, जो शक्ति और उत्साह, योग्यता और चरित्र से हीन हो गया है तथा केवलमात्र समय व्यतीत करता है वह इस व्यवसाय के लिये अपमान और समाज के लिये अभिशाप है।

19. विनोदी स्वभाव (Humorous Nature)

अवसर आने पर एक व्यवहारकुशल अध्यापक हंसने से झिझकता नहीं है। किसी अध्यापक को अपने छात्रों की हंसी उड़ाने की भूल नहीं करनी चाहिए। उसे उनके साथ हंसना चाहिए और वह देखे कि वे भी उसके साथ हंस रहे हैं, न कि उस पर हंस रहे हों।

हंसी एक सौन्दर्यपूर्ण सज्जा है जोकि शिक्षण व्यवसाय में आकर्षण उत्पन्न करती है।

20. ज्ञान–पिपासा (Daily Thirst for Knowledge)

एक अध्यापक को अपने विषय से सम्बन्धित ही नहीं वरन् अन्य जीवनोपयोगी पुस्तकों का अध्ययन भी करना चाहिए। यदि उसे शैक्षिक गोष्ठियों, नवीनीकरण पाठ्यक्रम तथा इसी प्रकार के अन्य कार्यक्रमों में भाग लेने का अवसर मिले तो यह उसे स्वयं अपने विचारों को समझने और अपने कार्य की दूसरों के कार्य से तुलना करने में सहायक होगा।

21. शैक्षिक भ्रमणयात्रा में रुचि (Interest in Educational Tours)

ग्रीष्म, शिशिर या शरद् अवकाशकाल में अध्यापक अपने निकटवर्ती ऐतिहासिक तथा साहित्यिक स्थानों को देखने जा सकते हैं। अवकाश के पश्चात् कक्षाओं में जाने पर वे अपने अनुभवों को अपने छात्रों को सुना सकते हैं।

22. व्यवसाय संगठन की सदस्यता (Membership of Professional Organisation)

अध्यापक को व्यावसायिक संगठनों की सदस्यता ग्रहण करनी चाहिए।

23. सेवाकालीन प्रशिक्षण (Inservice Education)

नवीनीकरण पाठ्यक्रम, गोष्ठियां और वर्कशॉप आदि कक्षा की समस्याओं पर वार्ता करने और उनके हल खोजने का अवसर प्रदान करते हैं।

24. समय का पालन (Punctuality)

एक अच्छा शिक्षक प्रत्येक कार्य को उचित समय पर क़रता है। अध्यापक को देर से आते देखकर छात्र भी उसका अनुसरण करते हैं।

25. प्रशंसा और दोषारोपण का न्यायपूर्ण उपयोग (Judiciouse use of Praise and Blame)

अध्यापक के पास प्रशंसा और दोषारोपण के दो महत्वपूर्ण हथियार हैं। उनका उपयोग उसे न्यायपूर्ण ढंग से करना चाहिए।

प्रशंसा का एक शब्द छात्र की रुचि और कार्यपथ को तीव्र कर देता है। अध्यापक के पास प्रशंसा का उचित प्रयोग एक शक्तिशाली प्रलोभन है।

'डांटना' और 'दोषी ठहराना' भी कभी-कभी होना चाहिए, नहीं तो वे अपने मूल्य को खो बैठते हैं।

26. न्याय (Justice)

अध्यापक को किसी के प्रति पक्षपात नहीं दिखाना चाहिए। उसकी दृष्टि में सभी समान होने चाहियें। कुछ बच्चों के प्रति अवांछनीय पक्षपात दूसरों को निराश कर देगा।

27. धैर्य (Patience)

अच्छी आदतें एक दिन में नहीं बनतीं। बच्चों में सद्गुण उत्पन्न करने के लिए समय और धैर्य की आवश्यकता होती है।

28. आदेश का पालन (Enforcement of Order)

छात्रों को बहुत कम आदेश दिये जाने चाहिये और जब दिये जाएं तो उन आदेशों का अवश्य पालन होना चाहिए नहीं तो वे अपना प्रभाव खो बैठते हैं।

29. धर्मान्धता से मुक्त (Free From Religious Bigotry)

बच्चों का मस्तिष्क संकुचित भावनाओं और हठधर्मिता से विषादयुक्त नहीं करना चाहिए।

30. राजनैतिक पक्षपात से मुक्त (Freedom Political Bias)

बच्चों को राजनैतिक उद्देश्य से नहीं उभारना चाहिए।

31. राष्ट्रीयता की भावना (Nationalist Spirit)

यदि अध्यापक में राष्ट्रीयता की भावना नहीं होगी तो वह बच्चों में राष्ट्रीयता की भावना के विकास के कार्य में सफल नहीं हो सकेगा। फिर भी 'उचित' या 'अनुचित' 'मेरा देश' की भावना से दूर रहना चाहिए।

32. शिक्षा के उद्देश्यों के प्रति हमेशा जागरूक (Always Alive to the Aims of Education)

एक क्षण के लिये भी अध्यापक को नहीं भूलना चाहिए कि शिक्षा का उद्देश्य बच्चे को 'मैट्रिकुलेशन' के लिए तैयार करना मात्र नहीं है, अपितु उसमें मस्तिष्क, मन, हाथ और स्वास्थ्य के गुणों का भी निर्माण करना है।

उसे बच्चे के एक या दो पक्षों के विकास के लिये प्रयत्न नहीं करना है वरन् उसके सम्पूर्ण विकास के लिये प्रयत्न करना है।

33. पाठ्यक्रम सहगामिनी क्रियाओं में रुचि (Interest in Co-Curricular Activities)

आधुनिक शिक्षा प्रणाली में पाठ्यक्रम सहगामिनी क्रियाओं के महत्त्व पर बल देना आवश्यक है। कोई भी अध्यापक विद्यालय-जीवन के इस पक्ष से विमुख नहीं हो सकता है।

34. त्यागमय जीवन (Selfless Service)

अध्यापकों में एक त्यागी जैसा उत्साह होना चाहिए। एक प्रचारक और अध्यापक के कार्य में समानता है; क्योंकि एक प्रचारक आरम्भ से अन्त तक एक अध्यापक है।

समर्पित सेवा की भावना और एक पवित्र उत्साह से प्रेरित अध्यापकों के बिना एक विद्यालय आधुनिक साधनों से सुसज्जित होने पर भी जीवन किरण से हीन सुन्दर मृत शरीर के समान होगा। यह आत्माहीन अस्थिपिंजर के समान हो जाएगा।

35. अध्यापक एक मार्गदर्शक के रूप में (Teacher as a Guide of Students)

बच्चा शिक्षा के नाटक का नायक है। अतः उसे शिक्षा के कार्यों में पूर्ण भाग लेने देना चाहिए। अध्यापक एक मार्गदर्शक और निर्देशक है। वह नाव का खेवनहार है परन्तु इस नाव को आगे बढ़ाने वाली शक्ति सीखने वालों से प्राप्त की जानी चाहिए। उसका कार्य सुझाव देना है, न कि आरोपित करना। वह वास्तव में बच्चों के मस्तिष्क को प्रशिक्षित नहीं करता वरन् उनके ज्ञान के उपकरणों को ठीक करने का मार्ग दिखाता है और उसे इस कार्य में सहायता देता है एवं प्रोत्साहित करता है। वह उसे ज्ञान प्रदान नहीं करता, वह उसे स्वयं ज्ञान प्राप्ति के लिए मार्ग दिखाता है।

आदर्श कला अध्यापक के कला विषय से सम्बन्धित गुण
(QUALITIES OF AN IDEAL DRAWING TEACHER RELATING TO DRAWING)

1. *कला विषय का पर्याप्त ज्ञान* (*The Adequate Knowledge of the Art Subject*): कला अध्यापक को अपने विषय का पर्याप्त ज्ञान होना चाहिए। कला विषय के विभिन्न पक्षों की उसे सम्पूर्ण जानकारी होनी चाहिए।
2. *कला शिक्षण के उद्देश्ययों का ज्ञान* (*Knowledge of Objectives of Art Teaching*): कला पढ़ाने के क्या उद्देश्य हैं। कला को विभिन्न कक्षाओं तथा स्तरों पर क्यों पढ़ाया जाता है। कला विषय का जीवन में क्या महत्त्व है? इन बातों की कला अध्यापक को उचित जानकारी होनी चाहिए।

3. *कला पारखी* (*Knowledge of Art Appreciation*): कला अध्यापक को अच्छी कलाकृतियों की विशेषताओं का ज्ञान होना चाहिए।
4. *कला के महत्व का ज्ञाता* (*Knowledge of the significance of Art*): कला अध्यापक पूरी जानकारी रखे कि प्रत्येक काल की मानव संस्कृति हमें उस काल के निर्मित चित्रों द्वारा देखने को मिलती है। आदिकाल से मानव भेषा, खान–पान, रहना आदि सभी कला के द्वारा ज्ञात होते हैं।
5. *कला विषय से प्रेम* (*Love for the Subject of Art*): कला अध्यापक इस बात को कभी न भूले कि कला की जीवन के विभिन्न क्षेत्र में महत्त्वपूर्ण भूमिका है। कला छात्रों पर एक थोपे जाने वाला विषय नहीं है। इससे बौद्धिक विकास भी होता है। यह आनन्द प्राप्ति का साधन भी है। विभिन्न समूहों तथा मूल्यों को जोड़ने वाला है। जीविकोपार्जन का साधन तो है ही।
6. *विकसित सौन्दर्यात्मक पक्ष* (*Developed Appreciation Dimension*): सौन्दर्य निस्सन्देह आत्मा तथा मन का भोजन है। सौन्दर्यता से जीवन की नीरसता समाप्त होती है। इस लिए अध्यापक का यह पक्ष मजबूत होना चाहिए जिससे वह छात्रों में सौन्दर्यात्मक पक्ष का विकास कर सके।
7. *प्रभावी वातावरण निर्माण करने की कुशलता* (*Skill to Create Effective Environment*): कलाकृतियों को कक्षा में प्रस्तुत करने के लिए कला अध्यापक में वाँछित योग्यता होनी चाहिए।
8. *प्रदर्शनकर्ता*: प्रदर्शन का कला शिक्षण में विशेष महत्त्व है। जिस स्तर पर कला अध्यापक का प्रदर्शन होगा, उसी के अनुसार छात्र प्रदर्शन करने का प्रयास करते हैं।
9. *प्रयोगात्मक कार्य में कुशलता* (*Proficiency in Experimental Work*): अध्यापक मौलिक बातों का सत्यापन के लिए प्रयोगात्मक कार्यों का सहारा लेता है। अतः कला शिक्षक प्रयोगात्मक कार्य में कुशलता प्रदर्शित करे।
10. *क्रियाशीलता के सिद्धान्त में विश्वास* (*Faith in the Principle of Learning by Doing*): क्रियाशीलता का कला शिक्षण में विशेष

महत्त्व है। अतः इस सिद्धान्त को कला शिक्षक अपने शिक्षण का आधार बनाए।

11. *कला शिक्षण विधियों का ज्ञाता (Knowledge of the Methodology of Art Teaching)*: अपने विषय का केवल ज्ञान तथा दक्ष होना ही सफल शिक्षण की कसौटी नहीं है। इस ज्ञान तथा कौशल को छात्र किस प्रकार ग्रहण करते हैं, यह महत्वपूर्ण है। अतः कला शिक्षण विधियों का ज्ञान तो कला अध्यापक को होना चाहिए। साथ ही यह आवश्यक है कि किस-किस स्थिति में कौन-सी शिक्षण विधि उपयुक्त है, यह जानकारी भी होना जरूरी है। यही पर्याप्त नहीं है। उस विधि को व्यावहारिक रूप देना भी आवश्यक है। उपयुक्त समय पर उपयुक्त शिक्षण विधि का प्रयोग शिक्षण कार्य को सफलता प्रदान करता है।
12. *प्रकृति प्रेमी (Lover of Environment)*: प्रकृति अनेक प्रकार के दृश्य हमारे सामने प्रस्तुत करती है जिनका सम्बन्ध कलात्मक पक्ष से होता है। उनसे कलाकार अनेक प्रकार से प्रेरणा प्राप्त करता है। इस कारण कला अध्यापक का प्रकृति से प्रेम होना चाहिए।
13. *उत्तम हस्तलेख (Good Handwriting)*: कला शिक्षक का हस्तलेख उत्तम होना चाहिए जिससे छात्रों को प्रत्येक कार्य अच्छे ढंग से करने की प्रेरणा मिले।
14. *शिल्पी (Artistry)*: शिल्पी का अर्थ है—कला को व्यावसायिक रूप देना। व्यावसायिक रूप देने का अर्थ है उत्पादन अथवा आजीविका बढ़ाने की क्षमता का छात्रों में विकास करना।
15. *विभिन्न शिल्पों का ज्ञान (Knowledge of Different Arts)*: कला के साथ कई अन्य शिल्पों का सम्बन्ध रहता है। जैसे—धातु शिल्प, मूर्ति शिल्प आदि। अतः कला अध्यापक की इस प्रकार के शिल्पों में रुचि होनी चाहिए।
16. *प्रभावी समन्वयकर्ता (Effective Correlator)*: समन्वय (Correlation) का अर्थ है, विभिन्न पक्षों का परस्पर सह-सम्बन्ध स्थापित करना। विभिन्न विषयों में अनेक ऐसे प्रकरण होते हैं जिनका सम्बन्ध कला से होता है। इनके सह-सम्बन्ध से शिक्षण में अधिक रोचकता आती है तथा शिक्षण अधिगम प्रक्रिया प्रभावी हो जाती है।

अध्यापक का समाज में कम होता स्तर तथा उसका सामाजिक परिवर्तन में नगण्य योगदान (DIMINISHING STATUS OF THE TEACHER IN SOCIETY AND MARGINAL ROLE AND RESPONSIBILITIES OF THE TEACHER IN SOCIAL CHANGE)

अनेक समाजशास्त्रियों के विचार में आज की परिस्थिति में अध्यापकों की भूमिका सामाजिक परिवर्तन में नगण्य है। एक समय था जबकि अध्यापक का स्थान समाज में ऊँचा था। उसे इतिहास का निर्माता कहा जाता था। परन्तु अब स्थिति इसके विपरीत है। आज समाज में उसे कहने को तो गुरु का दर्जा दिया जाता है परन्तु वास्तविक स्थिति कुछ और ही है। इसमें सन्देह नहीं कि आज समाज के मध्यम वर्ग से सम्बन्धित पुरुष सामान्यतः अध्यापक बनना नहीं चाहते। इस पेशे में न तो उचित मान रह गया है और न ही आय।

कक्षाओं में इतने छात्र होते हैं कि अध्यापक-छात्र के व्यक्तिगत सम्पर्क के लिए बहुत ही कम समय मिलता है।

प्राचीन काल में ज्ञान का साधन अकेला शिक्षक ही हुआ करता था। सूचना के साधनों के विस्फोट के कारण अब ज्ञान प्राप्त करने के अनेक साधन हैं। कम्प्यूटर द्वारा अनेक प्रकार का ज्ञान मिल जाता है।

प्राचीन काल में प्रायः छात्र एक ही अध्यापक (गुरु) से सम्पूर्ण शिक्षा प्राप्त करते थे। वह ही छात्रों का धर्मगुरु था अर्थात् आध्यात्मिक विकास का मार्ग दर्शाता था। परन्तु आज कक्षा एक से लेकर कक्षा बारह तक एक छात्र बारह से भी अधिक अध्यापकों से शिक्षा ग्रहण करता है। उसी मात्रा में एक छात्र का अपने अध्यापक के प्रति मान-सम्मान कम हो जाता है।

आज दूरदर्शन, रेडियो तथा सम्पूर्ण मीडिया (Media) का बहुत प्रभाव पड़ रहा है।

ऊपर लिखित कारणों से अध्यापक का समाज में स्तर गिरता जा रहा है।

2

अनुशासनः अर्थ, तत्त्व तथा स्थापना
(Discipline: Concept, Element and Maintenance)

विद्यालय के सन्दर्भ में अनुशासन का अर्थ
(CONCEPT OF DISCIPLINE IN SCHOOL CONTEXT)

विद्यालय अनुशासन के बारे में कई दृष्टिकोणों से चर्चा की गई है। कुछ दृष्टिकोण निम्नलिखित हैं:

1. अनुशासन का संकीर्ण तथा विस्तृत दृष्टिकोण (Narrow and Wider View of Discipline)

अनुशासन की धारणा नये अथवा विस्तृत दृष्टिकोण या पुराने अथवा संकीर्ण दृष्टिकोण से देखी जा सकती है। संकीर्ण अथवा पुराने दृष्टिकोण के अनुसार अनुशासन का अर्थ है, अधिकारियों की आज्ञा का कड़ा पालन करना तथा छात्रों को कठोरता से अपने अधीन लाना। नए अथवा विस्तृत दृष्टिकोण के अनुसार अनुशासन का अर्थ है, छात्र को आत्मानुशासन का पाठ पढ़ाना, उसमें उन गुणों का निर्माण करना जिनके द्वारा चरित्र बनता है। छात्र को अपनी रुचियों, मूल प्रवृत्तियों तथा स्वभाव को इस प्रकार साँचे में ढालना है कि उसमें आत्म-नियन्त्रण उत्पन्न हो तथा वह वयस्क जीवन के लिए तैयार हो।

अनुशासन एक ऐसा क्रम है, एक ऐसी नियमित पद्धति है जो कार्य अथवा जीवन की अभिव्यक्ति में सुन्दरता उत्पन्न करती है। दूसरे शब्दों में, अनुशासन एक प्रकार का मानसिक स्वास्थ्य है, जो काम की सुन्दरता में प्रकट होता है। अनुशासन

व्यक्ति को व्यवस्थित जीवन व्यतीत करना सिखलाता है। उसके सुख का साधन बनता है।

2. अनुशासन के रूपः आन्तरिक तथा बाह्य (Internal and External Discipline)

आन्तरिक अनुशासन कोई बाहरी वस्तु नहीं। वह किसी दूसरे के द्वारा दबाव के रूप में नहीं है। व्यक्ति तो स्वयं अपने पर शासन करता है, अपने काम को आत्म-प्रेरणा द्वारा ठीक करता है। अनुशासन तो आन्तरिक (Internal) है अर्थात् आत्मप्रेरित (Self-willed) है। बालक अपनी अच्छा से अनुशासन मानता है, वह अनुशासन में इसलिए रहता है कि उसका कल्याण इसी में है। इस प्रकार का अनुशासन तभी स्थापित हो सकता है जबकि विद्यालय में प्रधानाचार्य तथा अध्यापक अपने में ऐसी भावना भरकर विद्यार्थियों के सामने आदर्श स्थापित करें।

बाह्य (External) अनुशासन नियमों तथा दण्ड के भय पर आधारित रहता है। बालक ऊपर से तो कहना मानता है, परन्तु भीतर ही भीतर उसके हृदय में घृणा तथा रोष के भाव उत्पन्न हो जाते हैं और फिर वे भाव किसी न किसी दूषित रूप में प्रस्फुटित होते हैं। इस प्रकार का अनुशासन अधिकारियों द्वारा थोपा जाता है।

3. व्यक्ति की दृष्टि से अनुशासन का अर्थ (Discipline from Individual Point of View)

छात्र को इस योग्य बनाना है कि वह अपनी मूल प्रवृत्तियों को इस प्रकार अपने अधीन करे कि स्वयं ही पहचान सके कि अच्छा क्या है और बुरा क्या है।

4. सामाजिक दृष्टिकोण से अनुशासन (Discipline from Social Point of View)

सामाजिक दृष्टिकोण से अनुशासन का अर्थ है बच्चे में इस प्रकार की भावना का निर्माण करना ताकि वह अपने आपको समाज का एक अंग समझकर इसके कल्याणार्थ कार्य करे।

विस्तृत दृष्टिकोण के अनुसार तो हमें यह भी देखना है कि छात्र विद्यालय और छात्रावास के अतिरिक्त सड़क पर अपने घर में, खेल के मैदान में तथा बाजार में अपने आपको अनुशासन में रखें।

5. प्राकृतिक अनुशासन (Natural Discipline)

रूसो (Rousseau)तथा उसके अनुयायी कहते हैं कि प्राकृतिक अनुशासन द्वारा ही विद्यालयों में व्यवस्था की जाए। प्राकृतिक अनुशासन के अनुसार प्रकृति के नियमों का उल्लंघन करने पर प्रकृति द्वारा दण्ड दिया जाता है। इस अनुशासन में बालक स्वतन्त्रतापूर्वक रहता है। उसके लिए नियमों की कोई आवश्यकता नहीं। बालक यदि अनुचित कार्य करता है तो उसे प्रकृति द्वारा दण्ड मिलता है। बच्चा यदि आग में हाथ डालता है तो उसका दण्ड वह स्वयं ही भुगत लेता है। बालक देर से विद्यालय में आता है तो पढ़ाए हुए पाठ से वंचित रह जाएगा। माता-पिता सैर के लिए तैयार है, बालक देर कर देता है तो उसे घर पर ही छोड़ दीजिए, वह अपने आलस्य का फल भुगत लेगा। वह सैर तथा माता-पिता के साथ से वंचित रह जाएगा।

कुछ शिक्षाशास्त्रियों के विचार से यही सिद्धान्त विद्यालयों में भी लागू किया जाना चाहिए। यदि बालक बुरा और अनुचित काम करेगा तो वैसा ही कष्टदायक परिणाम भुगत लेगा। हम क्यों उसे अनुचित कार्यो से रोकें। यह 'जैसी करनी, वैसी करनी' वाला सिद्धान्त है।

ऐसा करने में बालकों के लिए बहुत खतरे हैं। प्राकृतिक अनुशासन का परिणाम कई बार बहुत कठोर दण्ड हो जाता है और कई बार बुरे काम की सजा देने का प्रबन्ध नहीं होता। उदाहरणार्थ, बालक को यदि हम जहर खाने से नहीं रोकते तो उसका परिणाम प्राकृतिक नियमों द्वारा कितना भयानक होगा? चोरी करने से न रोका जाए तो जेल जाना पड़ेगा। इस प्रकार से यह प्राकृतिक अनुशासन उपयोगी नहीं। इस सिद्धान्त से हमें यह शिक्षा अवश्य मिलती है कि बालक पर कम-से-कम प्रतिबन्ध लगाने चाहिए।

6. आधिकारिक अनुशासन (Authoritative Level)

प्राय: परमपरागत विद्यालय में अनुशासन की यही स्थिति होती है। शिक्षक छात्रों के अच्छे कामों के लिए इनाम तथा बुरे कामों के लिए दण्ड देते हैं। जहाँ तक हो सके छात्रों को अपराध करने से ही रोका जाए। उनको सदा कार्य में लगाए रखना चाहिए।

आधिकारिक अनुशासन रचनात्मक नहीं और न ही प्रजातान्त्रिक है। इसका

आधार अधिकारी वर्ग है। 'यह मत करो', 'वह मत करो'–इस प्रकार के निषेध बालक के विकास में बाधा उपस्थित करते हैं।

7. सामाजिक अनुशासन (Social Discipline)

सामाजिक अनुशासन के अन्तर्गत बालक का कार्य निन्दा तथा प्रशंसा के आधार पर होता है। छात्र इस बात का प्रयास करता है कि वह ऐसे कार्य करे जिनके करने से उसकी प्रशंसा हो। वह ऐसा कार्य कार्य नहीं करना चाहता जिससे उसकी निन्दा हो। वह सम्मान चाहता है। इसलिए वह ऐसा काम करने में हिचकता है जिससे उसकी बदनामी हो इस प्रकार की भावना का अत्यन्त महत्त्वपूर्ण स्थान है। स्वशासन यदि ठीक प्रकार से हो तो बालकों में जनतान्त्रिक भावना पैदा होती है और वे अनुशासन के अनुसार कार्य करने को तैयार होते हैं। स्वचालित शासन द्वारा बालकों में आत्म-नियन्त्रण के गुण आते हैं। हमारा कर्त्तव्य है कि हम बालक को अच्छी आदतें सीखने का पूर्ण अवसर दें।

8. आत्मानुशासन (Self-discipline)

अनुशासन का सबसे महान् तथा अच्छा रूप तो यही है। हमारा लक्ष्य इसकी प्राप्ति ही होना चाहिए। यही आत्मानुशासन है। छात्र अपने आपको अपने भीतर से ही नियन्त्रित करता है। किसी बाहरी नियन्त्रण की कोई आवश्यकता नहीं। इनाम तथा दण्ड, मान अथवा अपमान का कोई स्थान नहीं। छात्र अपने सामने कुछ आदर्श रखकर उन पर चलने का प्रयास करता है। अध्यापक की डाँट की कोई आवश्यकता नहीं रहती। शिक्षकों का उत्तम चरित्र छात्रों को प्रेरणा देता है और उससे प्रभावित होकर छात्रों के जीवन की हर क्रिया में अनुशासन की छाप दिखाई पड़ती है।

अनुशासन के अर्थ के सम्बन्ध में कुछ विद्वानों के विचार
(VIEWS OF SOME SCHOLARS ON THE MEANING OF DISCIPLINE)

1. *विश्वविद्यालय शिक्षा आयोग 1948–49 के विचार (Views of University Education Commission 1948-49)*: स्वतन्त्र भारत में गठित प्रथम आयोग ने इस प्रकार विचार व्यक्त किए हैं, "यह महत्त्वपूर्ण है कि अच्छे अनुशासन को व्यवहार के मनमाने (arbitrary) स्तर के सन्दर्भ में न देखा जाए, बल्कि उसे व्यवहार के व्यक्तिगत दायित्व के रूप में।"

2. *बालाकृष्ण जोशी के विचार* (*Balakrishnan's View*): बालाकृष्णन भारत के एक प्रसिद्ध मुख्याध्यापक तथा शिक्षाविद् थे। उन्होंने लिखा है, "संक्षेप में अनुशासन शालीन तथा शोभनीय व्यवहार (आचरण) है जिसमें ये गुण निहित हैं–सुव्यवस्थित, आनन्द, सफलता, दायित्व की श्रेष्ठ भावना, सत्ता प्रति आदर, नियमता के प्रति लगाव, कर्त्तव्य पालन की उत्सुकता, तत्परता तथा निपुणता, दूसरों को सहायता प्रदान की इच्छा, अपने हितों पर आवश्यकतानुसार संयम तथा विकट परिस्थितियों में धैर्य।"

3. *टी.पी. नन* (*T.P. Nunn*) का विचार, "अनुशासन का अर्थ है व्यक्ति के संवेगों तथा शक्तियों को नियमित रखना जो अराजकता को दूर करके कौशल तथा मितव्यता प्रदान करता है तथा जिसके अभाव में प्रभावहीनता तथा व्यर्थता रहती है।"

4. *विलियम ए.आर. यीगर* (*William A.R. Yeager*) के विचार, "ऐतिहासिक रूप से अनुशासन सदा उस धारणा से जुड़ा हुआ है जिसमें कठोर मानसिक, नैतिक तथा शारीरिक प्रशिक्षण निहित है। यह अनुशासन सत्ता के प्रति समर्पित होकर प्राप्त होता है। किसी भी प्रकार की आज्ञा की अवहेलना पर दण्ड भुगतना पड़ता है। अतः यह कुछ 'बाह्य' तत्त्व प्रतीत होता है जो बाहरी कारणों से सम्बन्धित रहता है।"

5. *माध्यमिक शिक्षा आयोग* (1952–53) (*Views of the Secondary Education Commission* 1952-53)–"अनुशासन स्वेच्छापूर्वक तथा कुशलतापूर्वक किए गए महत्वपूर्ण सहयोगात्मक कार्य की देन है।"

6. *जॉन ड्यिवी* (*John Dewey*): वह व्यक्ति अनुशासित कहलाता है जो इस प्रकार प्रशिक्षित हो कि वह अपने उत्तरदायित्व या कार्य को भली भांति समझ कर स्वेच्छा से इसके कार्यान्वयन में संलग्न हो।

7. *जेम्स ए. रौस* (*James S. Ross*): अनुशासन एक विस्तृत धारणा है जो छात्र के चरित्र पर विद्यालय द्वारा डाले गए प्रभाव की ओर संकेत करती है। इसका सम्बन्ध छात्र के केवल बाह्य व्यवहार तक ही सीमित नहीं रहता बल्कि उसे अन्तः अभिप्रेरणाओं से भी सम्बन्ध होता है।

अनुशासन के रूपों का वर्गीकरण
(CLASSIFICATION OF TYPES OF DISCIPLINE)

अनुशासन के रूप : वर्गीकरण I

- अनुशासन का परम्परागत रूप
- अनुशासन का आधुनिक रूप

अनुशासन के रूप : वर्गीकरण II

- तानाशाही अनुशासन
- प्रजातान्त्रिक अनुशासन
- मुक्त अनुशासन

अनुशासन के रूप : वर्गीकरण III

- आन्तरिक अनुशासन
- बाह्य अनुशासन

अनुशासन के रूप : वर्गीकरण IV

- सधारण जीवन में अनुशासन
- सेना अथवा पुलिस का अनुशासन

अनुशासन के रूप : वर्गीकरण V

- संकुचित अथवा संकीर्ण अर्थ
- विस्तृत अर्थ

अनुशासन के रूप : वर्गीकरण VI

- प्राकृतिक
- सामाजिक स्तर
- वैयक्तिक स्तर
- स्वतन्त्र अनुशासन

अनुशासन का परम्परागत तथा नवीन स्वरूप (TRADITIONAL AND NEW TYPE OF DISCIPLINE)

परम्परागत अनुशासन	*नवीन अनुशासन*
I. *लद्देश्य*: प्राचीन अनुशासन का अर्थ बालक द्वारा निर्बाध आज्ञा पालन करना था।	I. *लद्देश्य*: बालक को इस प्रकार शिक्षित करना कि वह आज्ञा पालन की आवश्कता को स्वयं समझे।
II. *विधि*: 'मत हिलो', 'अपनी जगह से न हटो', कठोर दण्ड-व्यवस्था।	II. *विधि*: स्वतन्त्रता से कार्य करो। दण्ड का बोध कराया जाना।
मत बोलो, चुप रहो।	तर्क द्वारा ज्ञान की प्राप्ति करो।
अपने साथियों को परास्त करने का प्रयत्न करो	स्वयं उन्नति करो और दूसरों को उन्नति में सहयोग प्रदान करो।
निष्क्रिय तथा उदास वातावरण।	सक्रिय तथा प्रसन्न वातावरण।
III. *शिक्षक का स्थान*: शिक्षा का केन्द्र बिन्दु शिक्षक।	III. *शिक्षक का स्थान*: शिक्षा का केन्द्रबिन्दु छात्र।
अध्यापक एक भयानक पुरुष के रूप में।	मित्र तथा निर्देशक के रूप में।
IV. *पाठ्यक्रम*: एक जैसा पाठ्यक्रम।	IV. *पाठ्यक्रम*: व्यक्तिगत विशेषताओं का ध्यान रखकर वैयक्तिक विकास के अवसर प्रदान करना।
(i) छात्र की सृजन शक्ति तथा मूल प्रवृत्ति की अवहेलना।	(i) मूल प्रवृत्ति के आधार पर सृजन शक्ति के विकास का अवसर प्रदान करना।
(ii) 'अनुकरण करो' पर बल।	(ii) स्वयं निरीक्षण करो, परीक्षण करो, परिणाम निकालो अर्थात् 'करो तथा सीखो'।

(क्रमशः)

परम्परागत अनुशासन	नवीन अनुशासन
(iii) कक्षा के कमरे तक सीमित क्रियाएँ।	(iii) भ्रमण यात्रा, पुस्तकालय आदि द्वारा शिक्षा।
(iv) संगठन और अनुशासन के क्रियात्मक समाधान से अनभिज्ञ रहना।	(iv) लोकतन्त्र प्रणाली के अनुसार स्वायत्त शासन पद्धति द्वारा संगठन करके प्रत्यक्ष अनुभव प्राप्त करना।
V. *छात्र का स्थान*: निस्सहाय प्राणी	V. सजीव प्राणी।
VI. दण्ड: दण्ड की प्रधानता	VI. दण्ड का नगण्य स्थान।
VII. *छात्र की सहभागिता*: विद्यालय की व्यवस्था में कोई स्थान नहीं	VII. छात्रों की भागेदारी।
VIII. *प्रकृति* (i) बाह्य, (ii) जड़ता	VIII. (i) आन्तरिक, (ii) रचनात्मक
IX. *सामाजिकता*: सामाजिक तत्त्व का अभाव।	IX. सामाजिक तत्त्व की प्रधानता।

अनुशासन तथा स्वतन्त्रता (DISCIPLINE AND LIBERTY)

विद्यालय में स्वतन्त्रता के बारे में शिक्षाशास्त्रियों ने भिन्न-भिन्न विरोधी मत प्रकट किए हैं। रूसो तथा उसके साथियों के मतानुसार तो बच्चे को पूर्ण स्वतन्त्रता मिलनी चाहिए कि वह इच्छानुसार कार्य करे। यह तो पुराने विचार को चुनौती है जिसके अनुसार बच्चे को अनेक प्रकार के बन्धनों में रखा जाता था। पुराने विचार के अनुसार डण्डे का विशेष महत्त्व था। डण्डा ही सब कुछ माना जाता था।

सच बात तो यह है कि हमें बीच का मार्ग अपनाना चाहिए। *रायबर्न* (*Ryburn*) का विचार है कि विद्यालय में स्वतन्त्रता का वही स्थान होना चाहिए जो वास्तविक जीवन में है। बच्चे को उसके वातावरण पर ही छोड़ देना बहुत हानिकारक हैं। 'Natural Consequences' अथवा 'Laissez Faire' के सिद्धान्त बहुत दोषपूर्ण है। *बागले* (Bagley) का विचार है कि बच्चा तो नासमझ है, उसे इतना लम्बा रस्सा अथवा छूट नहीं देनी चाहिए कि वह इसके साथ लटककर अपना जीवन समाप्त कर ले।

असीमित स्वतन्त्रता तो केवल कल्पनामात्र है। न यह कभी थी, न है, सम्भवत: कभी नहीं होगी और न इसे होने देना चाहिए।

बहुत बन्धन भी हानिकारक हैं। वह बच्चा जो सदा 'करो' तथा 'न करो' के चक्रों में रहता है कभी भी उचित तथा समान रूप से अपने व्यक्तित्व का विकास नहीं कर सकता। उसे कभी भी उचित अवसर नहीं मिलेगा जिसके द्वारा वह आन्तरिक गुणों का विकास कर पाए। उसकी प्रवृत्तियाँ अन्दर दब जाएँगी। भय तो बच्चों के जोश का तथा आन्तरिक गुणों का सर्वनाश कर देता है। भय का वातावरण तो छात्र की प्रगति के मार्ग में अनेक प्रकार की बाधाएँ उपस्थित करेगा। उन्हें अपने विकास का अवसर ही नहीं मिलेगा। *रसल* (Bertrand Russell) का कहना है कि वह व्यक्ति जिसकी जबान कानून द्वारा बन्द है अथवा जिस पर अनेक सामाजिक प्रतिबन्ध है, जिसका बचपन अनेक प्रकार के बन्धनों में जकड़ा हुआ व्यतीत हुआ, समाज को दोषपूर्ण दृष्टि से देखेगा। उसकी अवस्था उसी शिशु के समान जिसकी टाँग तथा बाजू काम नहीं करते हैं। गुस्से में आकर वह विनाश की ओर बढ़ेगा, विद्रोही बनेगा। स्वभाव तथा समयानुसार अत्याचार करने वाला होगा। यह सोचना गलत है कि जो घोड़े के लिए चाबुक का स्थान है, वही बच्चे के लिए डण्डे का है।

संक्षेप में अनुशासन के बारे में हमें मध्यम मार्ग (Middle Path) अपनाना चाहिए।

विद्यालय अनुशासन तथा सैनिक अनुशासन
(SCHOOL DISCIPLINE AND MILITARY DISCIPLINE)

स्कूल अनुशासन, सैनिक अनुशासन से बिल्कुल भिन्न है, जो निम्नलिखित पर आधारित है:

> There is not to reason why.
> There is not to make reply.
> There is but to do and die.

अनुशासन तथा व्यवस्था (Discipline and Order)

जे. ई. ब्रऊण (*J.E. Brown*) के विचार में व्यवस्था की इस प्रकार परिभाषा की जा सकती है: वह तो अच्छे बर्ताव का बाह्य आकार है, इससे घृणा नहीं चाहिए क्योंकि इसके द्वारा कार्य उचित रीति से होता है। व्यवस्था की प्राप्ति के लिए शक्ति एवं मजबूत हाथ चाहिए।

स्कूलों में अनुशासन की आवश्यकता तथा महत्त्व
(NEED AND SIGNIFICANCE OF DISCIPLINE IN SCHOOLS)

जीवन के प्रत्येक क्षेत्र में अनुशासन की आवश्यकता रहती है। कोई भी समाज, संस्था, दल तथा संगठन बिना अनुशासन के उचित प्रकार से अपना कार्य नहीं कर सकता। यह तथ्य स्कूल पर भी लागू होता है। माध्यमिक शिक्षा आयोग ने अनुशासन की आवश्यकता तथा महत्त्व पर इस प्रकार विचार व्यक्त किए हैं, "शिक्षा में किसी प्रकार का सुधार नहीं लाया जा सकता जब तक स्कूल अनुशासनहीनता से दूषित है।"

निम्नलिखित कारणों से स्कूल में अनुशासन की आवश्यकता है:

1. सभी प्रकार से सभी वर्गों की शक्तियों का अधिकतम उचित प्रयोग।
2. छात्रों के व्यक्तित्व का विकास।
3. साधनों का प्रभावशील प्रयोग।
4. सभी कर्मचारियों तथा छात्रों में चेतना उत्पन्न करना।
5. सभी कार्यक्रमों में व्यवस्था लाना।
6. संघर्ष की स्थितियाँ उत्पन्न न होने देना।
7. अध्यापकों के प्रति सम्मान के भाव जागृत करना। 8. छात्रों में सहयोग की भावना उत्पन्न करना।

9. छात्रों को संयम में रहने के लिए प्रशिक्षण देना।
10. छात्रों में सहयोग की भावना का विकास करना।
11. स्कूल के प्रति छात्रों में निष्ठा की भावना का विकास करना।
12. प्रत्येक कार्य को समय पर तथा दक्षता के साथ करने की आदतें डालना।

अनुशासन सम्बन्धी तीन अवस्था (THREE STAGES OF DISCIPLINE)

डॉ. *ऐडमस* (Dr. Adams) ने विद्यालय अनुशासन के बारे में तीन अवस्थाओं का उल्लेख किया। कोड़े लगाना "Flogging" पहली अवस्था है। छात्र की शिक्षा का मुख्य साधन 'दण्ड' ही था, 'भय का वातावरण' या विद्यालय में किसी की अवहेलना के लिए कठोर दण्ड भुगतना पड़ता था। छात्र को विद्यालय में बने हुए नियमों का पालन करना ही होता था। थोड़े अपराध के लिए भी कठोर दण्ड था। अनुशासन बाह्य था।

अनुशासन की दूसरी अवस्था प्रभाव 'Impression' ने दबाव का स्थान ले लिया। शिक्षक के व्यक्तित्व ने डण्डे का स्थान लिया। प्रेम तथा श्रद्धा ने भय अथवा घृणा का स्थान ले लिया।

तीसरी अवस्था में '*जो मन में आए करो*' अर्थात् "Laissez Faire" तथा स्वतन्त्र अनुशासन "Discipline" के सिद्धान्त ने शिक्षा-क्षेत्र में अपना प्रभाव डाला। इसके समर्थकों में रूसो, फ्रोबिल तथा मॉण्टेसरी आदि हैं। उनका नारा है 'Save the child' अर्थात् 'बच्चे को बचाओ'। 'All repression is dangerous' के सिद्धान्त के अनुसार किसी भी प्रकार का प्रतिबन्ध बच्चे पर उचित नहीं।

आदर्श अनुशासन संप्रत्ययः आत्मप्रेरित अनुशासन (CONCEPT OF IDEAL DISCIPLINE: SELF WILLED OR REGULATED DISCIPLINE)

आर्दश अनुशासन का अर्थ (Meaning and Concept of Ideal Discipline)

अनुशासन का अर्थ उस मानसिक स्थिति से है जिसके आधार पर किसी भी श्रेणी का व्यक्ति अपनी सर्वोत्तम योग्यतानुसार संस्था के कामों में भाग लेता है। वह अपने आपको संगठित संस्था का सदस्य समझता है जिसके लक्ष्य ऊँचे हैं। ऐसे अनुशासन का लक्ष्य आत्म-विश्वासी तथा आत्म-नियन्त्रित व्यक्तियों के निर्माण की आदर्श अवस्था है और इसे ही रचनात्मक अनुशासन कहते हैं। 'रचनात्मक अनुशासन' तभी सम्भव है जबकि 'कारण' को समझकर न कि 'भय' के द्वारा कार्य किया जाए। यह तो मनाने से (Persuasion) द्वारा सम्भव है न कि बाध्य करने (Compulsion)

द्वारा। यह तो 'करने' (Doing) द्वारा प्राप्त होता है न कि 'बोलने' (Talking) द्वारा। धर्म की भाँति यह सिखलाया नहीं जा सकता है, आचरण करने से प्राप्त होता है।

आत्म-प्रेरित अनुशासन का लक्ष्य एक अथवा दो दिनों में ही प्राप्त नहीं हो जाता। इसके लिए सतत् धैर्य, उत्साह तथा चौकन्ना रहने की जरूरत है। शिक्षा की जितनी भी संस्थाएँ हैं, उनका आपस में पूर्ण सहयोग होना चाहिए। तभी छात्रों में उचित धारण तथा उचित स्वभाव उत्पन्न होते हैं। विद्यालय एक प्रकार की सहकारी संस्था है जिसके सभी सदस्य प्रत्येक की भलाई के लिए तथा प्रत्येक सभी की भलाई के लिए कार्य करती हैं। इस संस्था के नियम तथा सिद्धान्त इसके ही सदस्यों द्वारा बनाए जाते हैं न कि उन पर किसी बाहरी शक्ति द्वारा थोपे जाते हैं। संस्था के सारे सदस्यों से आशा की जाती है, कि वे नियमों का आदर करें और इन पर चलें। अनुशासन के लिए तो सम्पूर्ण समाज पर उत्तरदायित्व है। सेकेण्डरी एजुकेशन कमीशन ने लिखा है कि अनुशासन प्राप्ति का उत्तरदायित्व माता-पिता पर, शिक्षकों पर, जनता पर तथा शासकों पर है।

आत्म-प्रेरित अनुशासन का निर्माण करना (Developing Self-willed Discipline)

आत्म-प्रेरित अनुशासन निम्नलिखित उपायों द्वारा प्राप्त किया जा सकता है:

1. आदर्श उदाहरण (Ideal Example)

विद्यालय में कार्य करते समय प्रधानाचार्य तथा प्रत्येक शिक्षक का कर्त्तव्य है कि आदर्श उदाहरण स्थापित किया जाए। यदि ये आत्म-नियन्त्रण रखेंगे तो स्वभावत: छात्र भी उनका आदर्श उदाहरण अपने सामने रखकर कार्य करेंगे और अच्छे गुणों को धारण करेंगे। शिक्षक वर्ग का आपस में बर्ताव बहुत ही उच्चकोटि का होना चाहिए। उनकी भाषा में माधुर्य, सौन्दर्य तथा सहृदयता होनी चाहिए। ऐसे पथ-प्रदर्शकों के पीछे चलने वाले भी उनका अनुकरण करके अपने अन्दर गुणों को धारण करेंगे। छल तथा कपट को कोई स्थान नहीं मिलना चाहिए।

2. स्वशासन (Self-Government)

स्वशासन को बहुत ही प्रभावपूर्ण साधन माना गया है जो अनुशासन में सहायक सिद्ध होता है। स्वशासन का आशय यह है कि विद्यालय एक गणतन्त्रात्मक संस्था के रूप में हो और छात्र अपने ऊपर स्वयं शासन करे, अध्यापक उनके पथ-प्रदर्शक का कार्य करें। बच्चे स्वयं नियम बनाना तथा उन पर चलना सीखते हैं। उन्हें नियमों का महत्त्व बड़ी

सरलता से समझ में आ जाता है। इन्हें इस तथ्य का ज्ञान होता है कि बिना नियमों के कोई भी संस्था चल नहीं सकती। अत: वे विद्यालय के अधिकारियों द्वारा बनाए हुए नियमों का आदर करना भी सीखते हैं। उनमें इकट्ठे काम करने की आदत पड़ती है। वे सहनशीलता, विशालहृदयता तथा सहयोग की भावना के महत्त्व को सीखते हैं। उन्हें इस बात का ज्ञान होता है कि अधिकार के साथ-साथ कर्त्तव्य का भी उतना ही महत्त्व है।

3. व्यक्तिगत सम्पर्क (Individual Contact)

छात्र और अध्यापकों के मध्य घनिष्ठ सम्बन्ध स्थापित करना चाहिए। इसके लिए ट्यरोटियल (Tutorial) प्रणाली बहुत ही हितकर है। प्रत्येक शिक्षक अपने समूह के हर एक छात्र से मिलता रहता है और उसके विषय में पूरी जानकारी रखता है तथा उसको उचित परामर्श देता रहता है।

4. अध्यापक का सहानुभूतिपूर्ण व्यवहार (Sympathetic Behaviour of the Teacher)

कहावत है 'बच्चे से प्रेम करो और बच्चा प्रेम करेगा, उससे घृणा करो और वह घृणा करेगा।' शिक्षकों को सर्वदा छात्रों के प्रति सहानुभूतिपूर्ण व्यवहार दिखाना चाहिए। उनमें कई गुण अपेक्षित हैं। उनमें मुख्य शिष्ट स्वभाव, प्रवीणता, विद्वत्ता, साहस तथा न्यायप्रियता है।

5. प्रभावशाली शिक्षण (Effective Teaching)

अध्यापन रोचक तथा प्रभावपूर्ण होने पर छात्रों का ध्यान कभी भी अवांछनीय कार्यों की ओर नहीं जाएगा। छात्र कक्षा तथा विद्यालय के कार्यों में अधिक रुचि लेंगे। अध्यापक के स्वर तथा स्वास्थ्य का भी अध्यापन पर काफी प्रभाव पड़ता है। अनेक प्रकार की सहायक सामग्री का प्रयोग अध्यापन को प्रभावपूर्ण बना देता है और नीरसता को दूर करके कार्यक्रम को रोचक बनाता है। छात्रों को कार्य में लगाए रखना चाहिए। कहा गया है: 'बेकार आदमी का मस्तिष्क शैतान का क्रीडा-स्थल है, बेकार छात्र अवश्य ही अवांछनीय कार्य करेंगे।

6. खेल (Inclucating Values Through Play)

खेलों द्वारा छात्रों में अनेक गुणों का निर्माण धैर्य, मिल-जुलकर काम करने की भावना, साहस व चतुरता आदि अनेक गुणों का निर्माण खेलों द्वारा होता है जो आत्मप्रेरित अनुशासन में सहायक सिद्ध होते हैं।

7. सहपाठीय कार्य (Co-Curricular Activities)

इनका वर्णन किसी और स्थान पर किया गया है। यहाँ पर केवल इतना ही कह देना उपयुक्त होगा कि उनका स्कूल के कार्यक्रमों तथा अनुशासन में एक विशेष महत्त्व है।

8. नायक नियुक्त करना (Appointing Monitors)

प्रत्येक कक्षा में प्रिफेक्ट अथवा नायक नियुक्त कर देने चाहिए। नायक साधारणतया कक्षा के सर्वोत्तम छात्र होने चाहिए। नायक एक प्रकार से छात्रों और अध्यापकों के बीच शृंखला की एक कड़ी है। समय-समय पर उन्हें नायकों का कर्त्तव्य और अधिकार के बारे में ज्ञान बढ़ाना चाहिए, ताकि वे विश्वसनीय और लोकप्रिय बनकर दूसरे छात्रों के सम्मुख अपना उदाहरण उपस्थित कर सकें।

9. विद्यालय का भवन और उसका वातावरण (School Building and Environment)

विद्यालय के भवन और उसके आसपास का वातावरण शांत होने पर छात्रों पर इसका अवश्य अच्छा प्रभाव पड़ता है। भवन स्वच्छ, हवादार तथा शांत होना चाहिए। हमें यह कभी भी भूलना चाहिए कि छात्रों के बैठने के स्थान, वायु और प्रकाश का प्रवेश, कमरों की स्वच्छता आदि का बालकों पर गहरा प्रभाव पड़ता है।

10. पुरस्कार तथा दण्ड (Reward and Punishment)

पुरस्कार तथा दण्ड का अनुशासन में महत्वपूर्ण स्थान है, परन्तु इन का अपना प्रयोग बहुत ही सोच-समझकर और सावधानी से करना चाहिए।

शैक्षिक संस्थाओं में अनुशासनहीनता के कारण
(CAUSES OF INDISCIPLINE IN EDUCATIONAL INSTITUTIONS)

कुछ मूल कारण इस प्रकार हैं:

I. व्यक्तिगत (Individual), II. सामाजिक (Social),
III. राजनैतिक (Political), IV. शिक्षा सम्बन्धी (Educational),
V. मनोवैज्ञानिक (Psychological), VI. आदर्शों की कमी (Lack of Ideals)।

I. व्यक्तिगत कारण

इसके अन्तर्गत वे कारण आते हैं जिनका प्रमुख सम्बन्ध छात्र के व्यक्तित्व के साथ है:

1. छात्रों का शारीरिक एवं मानसिक असन्तुलन।
2. छात्रों की बौद्धिक हीनता तथा उत्तमता।
3. किशोरावस्था में फालतू शक्ति तथा विद्रोहमय समय।

II. सामाजिक कारण

इन कारणों का सीधा सम्बन्ध समाज से होता है:

1. साम्प्रदायिक संघर्ष, दलबन्दी, धार्मिक विरोध, राजनैतिक उथल-पुथल आदि के कारण समाज की अव्यवस्था।
2. बालकों के स्वास्थ्य परिवर्द्धन के लिए घर का अनुपयुक्त वातावरण तथा कई प्रकार की सुविधाओं एवं सुगमता का अभाव।
3. अशिक्षित माता-पिता।
4. चोरबाजारी, पक्षपात, रिश्वतखोरी, बढ़ती हुई कीमतें आदि सामाजिक बुराइयाँ।
5. चलचित्रों का कुप्रभाव।
6. ऊँचे आदर्शों का अभाव।

III. राजनैतिक कारण

राजनीति से सम्बन्धित अनुशासनहीनता के मुख्य कारण इस प्रकार हैं:

1. स्वतन्त्रता संग्राम में, अध्यापकों तथा छात्रों का स्कूलों तथा कॉलेजों को छोड़कर नियम एवं कानूनों की अवहेलना करना, स्वतन्त्रता प्राप्ति के पश्चात् भी इसी प्रकार के कार्य करना और बदली हुई परिस्थिति को भली-भांति न समझना।
2. राजनैतिक दलों का छात्रों को अपने हित के लिए प्रयोग करना तथा परिणामस्वरूप दूषित वातावरण।
3. लोकतन्त्र प्रणाली को ठीक प्रकार से न समझा जाना और इसका अपरिपक्व छात्रों पर कुप्रभाव।

4. लोकतन्त्रात्मक भारत में धर्मनिरपेक्षता तथा उच्च आध्यात्मिक आदर्शों की अवहेलना करना।

IV. शिक्षा सम्बन्धी कारण (Educational Reasons)

1. शिक्षा का कोई निश्चित उद्देश्य न होना।
2. शिक्षा पद्धति में शीघ्र सुधार लाने के लिए नए विचारों को बिना टेस्ट किए भारतीय परिस्थिति में लागू करना तथा दूसरे देशों का अन्धाधुन्ध अनुकरण।
3. नैतिक शिक्षा का अभाव।

   नोट: विस्तृत विवरण पृथक् से दिया गया है।
4. शिक्षा संस्थाओं का अस्वस्थ वातावरण (Unhealthy Environment of Educational Institutions):
   1. उपयुक्त स्थानों पर बने स्कूल, भवनों का अभाव, तम्बुओं में स्कूलों का लगना, चारों ओर दुकानें, व्यापारिक केन्द्र अथवा सिनेमाघर का होना तथा परिणामस्वरूप स्वस्थ वातावरण का अभाव।
   2. अध्यापकों की अपने कार्य में उदासीनता, कम वेतन, समाज द्वारा उनके प्रति धीरे-धीरे आदर की भावना का कम होना, असहयोग एवं अनादर, अध्यापकों का अपने कार्य में रुचि न रखना तथा कभी-कभी धन कमाने के लिए अनुचित उपाय प्रयोग में लाना तथा छात्रों पर इसका कुप्रभाव।
   3. स्कूलों में उचित पाठ्यक्रम का अभाव।
   4. कक्षा में छात्रों की बहुसंख्या तथा अध्यापकों से व्यक्तिगत सम्पर्क का अभाव।
   5. प्रबन्धकों, प्रधानाध्यापकों तथा अन्य अध्यापकों द्वारा छात्र निधि का कभी-कभी दुरुपयोग।
   6. शिक्षा-संस्थाओं में छात्रों के भौतिक कल्याण के लिए सुविधाओं का अभाव।
   7. संचालकों का नादिरशाही बर्ताव।
   8. छात्रों के प्रशासन में भाग लेने के लिए छात्र संघ स्थापित करना।
   9. परीक्षा में ठीक प्रकार के प्रश्न-पत्रों का न आना, पढ़े हुए कोर्स से बाहर तथा कठिन प्रश्न-पत्र।

V. मनोवैज्ञानिक कारण

1. अनुशासन की पुरानी विचारधारा के अनुसार छात्रों की रचनात्मक प्रेरणा तथा कौतुहल की भावना को दबाना।
2. छात्रों के छोटे-छोटे दोषों के लिए कड़ी सजाएँ देना।
3. माता-पिता तथा अध्यापकों का छात्रों को असीमित मात्रा में स्वच्छन्दता का वातावरण प्रदान करना।

वर्तमान शिक्षा-पद्धति में दोष (Drawbacks of the Education System)

इसमें कोई आपत्ति नहीं होनी चाहिए, यदि यह कहा जाए कि वर्तमान शिक्षा-पद्धति दोषपूर्ण है। इसमें चरित्र विकास के लिए बहुत कम स्थान है।

छात्र की उन्नति का मापदण्ड केवल उसका परीक्षा परिणाम ही है। वर्ष भर प्रायः छात्र कार्य नहीं करते हैं। उनकी शक्ति का सदुपयोग नहीं होता। आखिर काम तो कुछ करना ही है, बेकार कैसे बैठा जाए, अच्छा नहीं तो बुरा काम ही सही। सहपाठीय कार्यक्रमों को ठीक रीति से चलाया नहीं जाता। फ्रांसिस डब्ल्यू. पार्कर (Francis W. Parker) लिखते हैं कि छात्र अच्छे कार्य इसलिए नहीं करते क्योंकि उन्हें अच्छे कार्य करने का अवसर ही नहीं मिलता। मौलाना आजाद ने लिखा है कि "मेरा विश्वास है कि बच्चे इसलिए उतावले तथा बैचेन होते हैं क्योंकि उनको जवानी की प्रवृत्तियों के विकास का सुन्दर अवसर नहीं दिया जाता। उनमें स्वभाव से कोई दोष नहीं। शिक्षा छात्रों की रुचि, प्रवृत्ति तथा योग्यतानुसार नहीं, इस कारण वे इससे प्रभावित नहीं होते। कई शिक्षण-संस्थाएँ व्यापार के दृष्टिकोण से चलाई जाती है। छात्रों की ठीक देखभाल नहीं होती।"

कक्षाओं में छात्रों की संख्या अधिक होने के कारण छात्रों तथा शिक्षकों में घनिष्ठ सम्बन्ध स्थापित नहीं हो पाता।

कई बार स्कूलों तथा कॉलेजों के अधिकारियों का बर्ताव अति कठोर तथा मानवता के गुणों से रहित होता है। वे छात्रों की उचित कठिनाइयों तथा समस्याओं को सुधारने की चेष्टा करने की बजाय 'दण्ड' से ही काम लेना चाहते हैं।

छात्रों से प्रतिमास चन्दा लिया जाता है और यह चन्दा उपयुक्त कामों पर खर्च नहीं किया जाता और न ही छात्रों की राय पूछी जाती है। छात्र इस सम्बन्ध में अधि कारियों को 'सन्देह की दृष्टि' से देखते हैं और उनके बारे में बुरी धारणा कर लेते हैं। अधिकारी वर्ग बच्चों में बढ़ती हुई जागृति की ओर बना ध्यान नहीं देता है।

स्वतन्त्र विचारों तथा जनतन्त्रीय विचारों की सीमा से बढ़ा हुआ प्रचार भी विद्यार्थियों में 'अधिकारों' की भावना बड़ी तेजी से भरने में सहायक सिद्ध हो रहा है। छात्र अपने कर्त्तव्य से विमुख होकर अधिकारों की प्राप्ति की चिन्ता में लगे रहते हैं।

VI. आदर्शों की कमी (Lack of Ideals)

हमारा नैतिक पतन होता दिखाई दे रहा है। हम भौतिकवाद के विचारों में फँसकर अध्यात्मवाद को छोड़ते चले जा रहे है। सत्यता, अहिंसा, पवित्रता आदि से दूर जा रहे हैं। जीवन का लक्ष्य मानो लक्ष्मीदेवी की पूजा करना ही है। समाज का सम्पूर्ण वातावरण दूषित दिखाई दे रहा है और उसका प्रभाव स्कूलों तथा कॉलेजों पर भी पड़ रहा है।

स्कूलों में अनुशासनहीनता के रूप तथा उनका निवारण
(TYPE OF INDISCIPLINE IN SCHOOLS AND REMEDIES)

1. परीक्षा में धोखा देना या नकल करना

धोखे अथवा नकल करने की प्रवृत्ति को रोकने का सबसे उत्तम उपाय है कि शिक्षक हमेशा परीक्षा के समय सतर्क रहे ताकि छात्रों को अनुचित उपाय से काम लेने का अवसर ही न मिले। छात्रों को परीक्षा से पहले ही चेतावनी दी जाए। यदि फिर भी छात्र नकल करे तो उन्हें उचित दण्ड दिया जाए।

2. कक्षा में अध्यापक के पढ़ाते समय छात्रों का आपस में बातचीत करना

कारण का पता लगाया जाए। हो सकता है कि शिक्षक के पढ़ाने की विधि में दोष हो। छात्रों से पाठ-सम्बन्धी प्रश्न पूछे जाने चाहिए। यदि दो बातूनी छात्र आस-पास बैठे हों तो दोनों को अलग-अलग कर देना चाहिए।

3. विद्यालय में प्राय: देर से आना

छात्रों के संरक्षकों से परामर्श किया जाना चाहिए। कारण ज्ञात होने पर उपचार किया जाए।

4. झूठ बोलना

कई बार छात्र केवल भय के कारण झूठ बोलते हैं। छात्रों से प्रेमपूर्ण व्यवहार किया जाए। ठीक-ठीक कारण बताने पर उन्हें क्षमा कर दिया जाए और भली-भाँति समझा दिया जाए कि इसके बहुत दोष हैं। साथ ही उन्हें चेतावनी भी दे दी जाए।

5. छोटी वस्तुएँ चुराना

कारण का पता लगाया जाए और उपचार किया जाए।

6. गृह-कार्य करके न लाना

हो सकता है कि कार्य छात्र की समझ में न आया हो अथवा घर में कार्य करने की सुविधा न हो या कार्य का परिमाण अधिक हो या विशेष अध्यापक से घृणा हो। कारण ठीक-ठीक मालूम होने पर उपचार किया जाना चाहिए।

7. स्कूल की वस्तुओं को गन्दा करना या तोड़ना

छात्रों से हर्जाना वसूल करना चाहिए या यदि वे काम जानते हों तो उनसे मरम्मत कराई जाए।

8. आवारा फिरना

स्कूल से भागने के कई कारण हो सकते हैं—बच्चे को कोई अन्य छात्र तंग करता हो, पढ़ाई में अरुचि हो या पढ़ाई पर व्यक्तिगत ध्यान देने की आवश्यकता हो। इस बात का भी पता लगाया जाए कि विद्यार्थी भागकर कहाँ जाता है।

9. अपने से छोटों को तंग करना

क्षमा माँगने पर क्षमा किया जाए और चेतावनी भी दी जाए।

10. अध्यापक के प्रति धृष्टता का व्यवहार

जहाँ तक हो सके अध्यापक को चाहिए कि स्वयं छात्र को सहानुभूतिपूर्ण व्यवहार से समझाए और मानहानि का प्रश्न न बनाये। यदि छात्र इस पर भी ठीक नहीं होता, तो प्रधानाचार्य के पास इसकी रिपोर्ट करनी चाहिए।

प्रारम्भिक स्तर के विद्यार्थियों के आचरणों में अनुशासनहीनता के लक्षण

1. झूठ बोलना, चुगली करना।
2. सहपाठियों की छोटी-छोटी वस्तुएँ चुरा लेना।

3. सहपाठियों से अपशब्द व मारपीट।
4. समय पर स्कूल न पहुँचना।
5. गृहकार्य न करके लाना इत्यादि।

माध्यमिक स्तर के विद्यार्थियों में उपरोक्त लक्षणों के अतिरिक्त कुछ और भी लक्षण

6. माता-पिता व गुरुजनों की आज्ञा का उल्लंघन करना।
7. कक्षा से बिना किसी कारण अनुपस्थित रहना।
8. गुरुजनों के पीछे उनकी हँसी उड़ाना।
9. परीक्षा में नकल करना।
10. जन्मतिथि अथवा पूर्व अध्ययन से सम्बन्धित अन्य तथ्यों के विषय में झूठी सूचनाएँ देना इत्यादि।

इण्डटरमीडिएट तथा आगे की कक्षाओं में अनुशासनहीनता के अन्य लक्षण

11. अनुपस्थित सहपाठी की उपस्थिति लगाना।
12. कक्षा में अध्यापकों का अनादर करना।
13. कक्षा के समय में सिनेमा देखना व सभाएँ करना।
14. कक्षा में अनुचित व्यवहार करना (जैसे खड़े होकर उत्तर न देना, उपन्यास आदि पढ़ना, पीछे बैठकर बातें करना)।
15. छात्राओं से दुर्व्यवहार करना।
16. हड़तालों में भाग लेना तथा विद्यालयों की सम्पत्ति को हानि पहुँचाना इत्यादि।

अनुशासनहीनता की समस्या केवल लड़कों के विद्यालयों तक ही सीमित नहीं है, उपरोक्त लक्षणों में से काफी कुछ लड़कियों के विद्यालयों में भी पाये जाते हैं, परन्तु अन्तर केवल इतना है कि उनकी अनुशासनरहित क्रियाएँ केवल विद्यालयों की कक्षाओं तक ही सीमित रहती हैं। अत: वे इतने प्रबल रूप में सर्वसाधारण के समक्ष नहीं आती हैं।

शैक्षिक संस्थाओं में अनुशासनहीनता दूर करने के उपाय
(MEASURES FOR CHECKING INDISCIPLINE IN EDUCATIONAL INSTITUTIONS)

1. मनोवैज्ञानिक ढंग से समस्या सुलझाना।
2. प्रधानाध्यापक द्वारा प्रभावपूर्ण प्रबन्ध करना।
3. विद्यालय में प्रधानाचार्य तथा अध्यापक वर्ग के पारस्परिक अच्छे सम्बन्ध होना।
4. अध्यापकों की विषय-सम्बन्धी तैयारी होना।
5. विद्यालय में सहगामी क्रियाओं का आयोजन करना।
6. प्रशिक्षित अध्यापकों की नियुक्ति।
7. छात्रों से निष्पक्ष व्यवहार।
8. उचित स्वशासन।
9. उचित दण्ड-व्यवस्था।
10. वाचनालय में यथेष्ट मात्रा में पत्र-पत्रिकाओं का होना ताकि छात्र अवकाश के समय का सदुपयोग कर सके।
11. पुस्तकालय में पर्याप्त पुस्तकों का होना तथा छात्रों को पुस्तकें पढ़ने के लिए प्रोत्साहित करना।
12. छात्रों को ठीक-ठीक नेतृत्व प्रदान करना।
13. छात्रों का शैक्षिक तथा व्यावसायिक मार्ग-निर्देशन करना।
14. छात्रों से सम्बन्धित सभी बातों का पूरा-पूरा ब्यौरा रखना।
15. छात्रों की क्षमतानुसार गृहकार्य देना।
16. बालचर का नेशनल कैडिट कोर आदि में भाग लेने के लिए छात्रों को प्रेरित करना।
17. आदेशों का नकारात्मक न होना।
18. छात्रों को समय-समय पर पुरस्कार देना।
19. छात्रों के अच्छे कार्यों की सराहना करना।
20. विद्यार्थियों में सुरक्षा की भावना भरना।
21. भय तथा आतंक के वातावरण को रोकना।

22. छात्रों की रुचि, क्षमता तथा आयु के अनुकूल उनकी आवश्यकताओं की पूर्ति करना।
23. मन्द-बुद्धि छात्रों की आवश्यकता को समझकर उचित प्रबन्ध करना।
24. कुशाग्र बुद्धि छात्रों के लिए पर्याप्त कार्य का प्रबन्ध करना।
25. विद्यालय तथा कक्षा में उचित मात्रा में प्रकाश तथा वायु की सुविधा का होना।
26. कक्षा में बैठने की उचित व्यवस्था का होना।
27. आध्यात्मिक तथा नैतिक शिक्षा का प्रावधान करना।
28. राजनैतिक दलों द्वारा आचार संहिता बनाकर छात्रों को राजनीति में न धकेलना।
29. अध्यापक-अभिभावक में उचित सम्पर्क स्थापित करना।
30. कक्षा में उचित संख्या में छात्रों का होना।
31. परीक्षा में सुधार लाना।
32. अच्छे आदर्शों पर चलना।
33. छात्र निधि का उचित उपयोग करना।

उपसंहार: विद्यालय में अनुशासन समाज के अनुशासन का प्रतिबिम्ब है। अत: समाज के नेताओं को उच्चकोटि के मानवीय मूल्यों के आदर्श प्रस्तुत करने होंगे। इस कथन का अर्थ कदापि नहीं कि विद्यालय इस दिशा में अपने उत्तरदायित्व से बच जाता है।

शैक्षिक संस्थाओं से बाहर अनुशासन सम्बन्धी उपचारात्मक उपाय (REMEDIAL MEASURES FOR CHECKING INDISCIPLINE OUTSIDE THE EDUCATIONAL INSTITUIONS)

I. अध्यापकों के खोये जाने घटते तथा नेतृत्व का पुनः स्थापित करना (Restoring the Lost Leadership of the Teachers)

इस सन्दर्भ में निम्न उपायों की आवश्यकता है:

1. समाज में सामान्यत: अध्यापकों को उच्च स्थान देना।
2. अध्यापकों के वेतनमानों में वृद्धि करना।

3. अध्यापकों को सेवा सुरक्षा प्रदान करना।
4. अध्यापकों के सेवा शर्तों में सुधार करना।
5. अध्यापकों के लिए उचित सेवाकालीन प्रशिक्षण की व्यवस्था करना।
6. अध्यापकों के लिए विभिन्न स्थानों पर अवकाश गृह (Holiday Homes) की व्यवस्था करना।

II. छात्रों की आर्थिक कठिनाइयों को दूर करने के उपाए (Measures for Removing Economic Difficulties of Students)

1. उपयुक्त छात्रवृत्तियों की व्यवस्था करना।
2. छात्रों के लिए अंशकालिक श्रम करने का अवसर प्रदान करना तथा उन्हें उचित पारिश्रमिक की व्यवस्था करना।
3. छात्रों के लिए बस, रेलगाड़ी आदि भाड़ों में कटौती करना।

III. वर्तमान शिक्षा पद्धति के दोषों को दूर करना (Removing Drawbacks in the Existing System of Education)

इस प्रकरण पर विस्तारपूर्वक पहले ही चर्चा की गई है। (अध्याय 5 देखें।)

IV. समाज में आदर्शों के प्रति श्रद्धा तथा प्रतिबद्धता का वातावरण निर्माण करना (Creating an Environment of Respect and Commitment to Ideals in the Society)

इस बात पर बल देना आवश्यक है कि शैक्षिक संस्थाओं का वातावरण सामाजिक वातावरण से बहुत प्रभावित होता है। दुर्भाग्यवश आज चारों ओर इस प्रकार की धारणा पनपने के संकेत दृष्टिगोचर होते हैं कि विभिन्न क्षेत्रों में नेतृत्व आदर्शों से दूर जा रहा है। अत: यह आवश्यक है कि नेतागण उच्च मूल्यों के आदर्श प्रस्तुत करें।

3

अनुशासन स्थापन में दण्ड तथा पुरस्कार
(Punishments and Rewards in Managing Discipline)

दण्ड सम्बन्धी विद्वानों के विचार
(VIEWS OF SCHOLARS ON PUNISHMENTS)

विद्वानों ने अनुशासन स्थापित करने के लिए अलग-अलग मत दिए हैं। अनुशासन के विभिन्न पक्षों पर पिछले अध्याय में चर्चा की गई है। दण्ड तथा पुरस्कारों का अनुशासन में अपना-अपना महत्त्व है। पहले हम दण्ड के बारे में विचार करेंगे।

1. *प्राचीन यहूदियों का आदर्श*: ''जो डण्डे को त्यागता है, वह अपने पुत्र की हत्या करता है। परन्तु जो उसका प्रयोग करता है, वह अपने पुत्र से प्रेम करता है। बालक स्वभाव से ही मूर्ख है परन्तु डण्डा उसकी इस मूर्खता को निकाल बाहर करेगा।''

2. *फ्रैडरिक बर्क*: (*Fredrich Burk*): There are misfit schools, misfit tests and studies, misfit dogmas and traditions of pedants and pedantry. There are misfit homes, misfit occupations and diversions. In fact, there are all kinds of and conditions of misfit clothing for children, but in the nature of thing there can be no misfit children."

   ये परस्पर विरोधी दो प्रकार के विचार हैं। दूसरे विचार का सारांश यह है कि स्वभावत: बालक अयोग्य नहीं होते। इस प्रकार के विचार रखने वाले शिक्षाशास्त्री प्रचलित दण्ड-प्रणाली को शिक्षा-क्षेत्र में कोई विशेष महत्त्वपूर्ण स्थान नहीं देते। Rousseau आदि विद्वान् दण्ड-प्रणाली का घोर विरोध करते हैं और उन्होंने Theory of Original Sin के विरुद्ध तो मानो एक प्रकार से युद्ध आरम्भ कर रखा है। उनका सिद्धान्त है 'बच्चे को स्वतन्त्रता

देना' क्योंकि उनका विचार है कि बच्चा स्वभावतः निर्दोष है तथा पवित्र भी। बड़ों द्वारा लगाया हुआ अनुशासन बच्चों की वृद्धि को नष्ट करता है तथा उसकी प्रगति में बाधक होता है। वे तो 'परिणाम' के अनुशासन के सिद्धान्त को मानते हैं। उनका कहना है कि नैसर्गिक दण्ड सबसे उत्तम होता है और स्कूल में किसी अन्य प्रकार के दण्ड का कोई स्थान नहीं।

3. *टी. पर्सी नन (T. Percy Nunn)* के कथनानुसार तो दण्ड तथा दण्ड के भय को स्कूल शासन की नैसर्गिक नींव मानना धीरे-धीरे अज्ञानता तथा अन्धविश्वास का लक्ष्य माना जाता रहा है।
4. *ए.एस. नील (A.S. Neill)* ने अपनी पुस्तक *The Free Child* में लिखा है कि स्वतन्त्रता से रहित शिक्षा अधूरी है। ऐसी शिक्षा तो पूरे तौर से जीवन की भावनाओं की अवहेलना करती है। इनकी अवहेलना करना घृणा तथा भद्देपन को स्थान देना है। केवल मस्तिष्क का ही विकास होता है, परन्तु यदि भावनाओं को स्वतन्त्र रहने दिया जाए तो बुद्धि स्वयं ही अपना विकास कर लेगी।''
5. *हरबर्ट स्पैन्सर (Herbert Spencer)* का कहना है कि बच्चे अपने काम में अटल परिणाम को स्वयं ही भुगतते हैं।
6. *बागले (Bagley)* के कथनानुसार तो बच्चा निःसहाय तथा निर्दोष है और उसे इतनी लम्बी रस्सी नहीं देनी चाहिए जिससे लटककर वह अपना जीवन समाप्त कर ले।
7. *ब्रे (Brey)* का कहना है कि दण्ड तो भविष्य में होने वाली बड़ी बुराई को दूर करने के लिए एक छोटी बुराई है। यह तो सर्वदा देखा गया है कि बुराई को यदि आरम्भ में न रोका जाए तो अन्त में वह विनाशकारी बन जाती है। पुरानी कहावत है कि 'बुराई उत्पन्न होते ही दबा दो।'
8. *पी.सी. वरेन (P.C. Wren)* यद्यपि मानते हैं कि दण्ड तो बुराई है जिसे रोकना चाहिए। परन्तु वे इसे डॉक्टर के चाकू की भाँति आवश्यक बुराई मानते हैं।

अब प्रश्न उठता है कि दण्ड क्यों दिया जाता है तथा किस प्रकार से दिया जाना चाहिए।

आधिकारिक अनुशासन के लिए नियमों की स्थापना करके उनको लागू करना पड़ता है। नियम भंग होने पर दण्ड आवश्यक हो जाता है। जहाँ तक सम्भव हो, दण्ड कम से कम दिया जाए। बार-बार दण्ड देने से सिद्ध हो जाता है कि विद्यालय में अनुशासन की कमी है।

दण्ड देने के उद्देश्य (OBJECTIVES OF AWARDING PUNISHMENT)

1. *प्रतिशोधक* (*Retributive or Vindictive*): अपराधी बालक को इसलिए सजा हो क्योंकि उसने दूसरे छात्र को सजा दी है। यदि एक छात्र ने दूसरे के चपत लगाई है तो अपराधी के भी अध्यापक द्वारा चपत लगानी चाहिए। इस दण्ड के पीछे केवल बदला लेने की भावना है। इस प्रकार के दण्ड के भाव को अच्छा नहीं माना जाता।
2. *उल्लंघन* (*Offensive*): दण्ड देने का दूसरा लक्ष्य है कि अपराधी को इस बात का बोध कराया जाए कि उसने नियम को तोड़ा है।
3. *रक्षा-रूप में* (*Protective*): तीसरा लक्ष्य अन्य बालकों को अपराधों से बचाना है। यदि एक छात्र दूसरों को पढ़ने नहीं देता तो उसे एक कोने में खड़ा कर दिया जाता है ताकि दूसरे छात्र शान्तिपूर्वक पढ़ सकें।
4. *अनुकरणीय* (*Exemplary*): दूसरों के सामने उदाहरण प्रस्तुत करना ताकि वे भी ऐसा न करे।
5. *सुधारात्मक* (*Reformatory*): विद्यालयों में अपराधी को इसलिए दण्ड दिया जाता है कि उसमें सुधार हो सके। यही दण्ड का ठीक लक्ष्य है। छात्र को यह अनुभव करा देना चाहिए कि उसने गलती की है और उसे ऐसा नहीं करना चाहिए था। यह अवश्य अपने किए हुए कार्य पर पश्चाताप करे। इस प्रकार के लक्ष्य से छात्रों में अच्छी मनोवृत्ति आती है और वे सामाजिक नियमों के अनुसार कार्य करते हैं।

दण्ड क्यों? (WHY PUNISHMENT?)

1. देर से आना।
2. छुट्टी लिए बिना अनुपस्थित रहना।
3. कक्षा में ध्यान से न पढ़ना।
4. अध्यापकों तथा छात्रों से बुरा बर्ताव करना।
5. बुरे वचन कहना।
6. दूसरों को तंग करना।
7. चोरी करना।
8. गृह-कार्य न करना।
9. परीक्षा में अनुचित कार्य करना।

10. परीक्षा न देना।
11. स्कूल की सामग्री को खराब करना।
12. स्कूल के नियमों को न मानना।
13. स्कूल से भाग जाना।

दण्ड के रूप (TYPES OF PUNISHMENT)

1. भर्त्सना (Reproof)

जितने अपराध हों, उतने ही भर्त्सना के रूप हो सकते हैं। अध्यापक के शस्त्रों में जुबान तो बहुत ही शक्तिशाली शस्त्र है। क्रोध की त्यौरी से लेकर भयंकर से भयंकर अपशब्द इसी श्रेणी में आते हैं। बुद्धिमान बालक के लिए एक ही शब्द पर्याप्त है। कहावत है: A word to the wise. नटखट अथवा निर्लज्ज छात्र पर भयंकर से भयंकर फटकार का भी प्रभाव नहीं पड़ता। अध्यापक को सोच-विचार कर मुँह से शब्द निकालने चाहिए। डाँट-डपट साधारणतया उन्हीं विद्यार्थियों के लिए उपयुक्त है जो अच्छे हैं और किन्हीं कारणों से लापरवाही कर बैठते हैं। शिक्षकों को चाहिए कि वे भूलकर भी छात्रों को गाली न दें।

2. दायित्व के कार्य से हटा देना (Deprivation of a Privilege)

यह नैतिक दण्ड का एक रूप है। अपराधी यदि कक्षा का मॉनीटर है और बार-बार अपराध करता है तो उसे पद से मुक्त कर दिया जाए। यदि वह किसी प्रकार की सुविधा ले रहा है तो उसे उससे मुक्त कर दिया जाए। सुविधा छीनते समय इस बात का ध्यान रखा जाए कि छात्र को आर्थिक कठिनाई न हो।

3. विद्यालय समय के पश्चात् रोकना (Detention after School Hours)

यदि छात्र कक्षा से भागता है अथवा देर से आता है तो उसको छुट्टी के बाद रोककर दण्ड दिया जा सकता है। इससे उसे इस बात का अनुभव कराना है कि उसके अतिरिक्त सभी विद्यार्थी घर चले जाते हैं। विद्यार्थी जब रोका जाए तो उसे खाली नहीं बैठने देना चाहिए। उसकी योग्यता के अनुकूल उसे करने के लिए काम दिया जाना चाहिए।

कुछ विद्वान कहते हैं कि छुट्टी के बाद रोकना ठीक नहीं क्योंकि ऐसे छात्रों का निरीक्षण करने के लिए किसी शिक्षक की ड्यूटी लगानी पड़ेगी और उसे बेकार में ही एक प्रकार से सजा मिलेगी। दूसरी आपत्ति यह है कि छात्र घर पर

देर से पहुँचेगा और माता-पिता को चिन्ता हो सकती है। तीसरी आपत्ति यह है कि छात्र विद्यालय में रोके बिना भी देर से जाएँ और विद्यालय में रोके जाने का बहाना बना ले।

इस प्रकार का दण्ड देर से आने वाले अथवा काम न करने वाले छात्र को दिया जाए तो ठीक है।

4. क्षति-पूर्ति करना (Making Good the Loss)

यदि कोई छात्र विद्यालय के सामान को क्षति पहुँचाता है तो उससे क्षतिपूर्ति करने के लिए कहा जाए, यही विधि अच्छी है।

5. अंक कम कर देना (Loss of Marks)

कहीं-कहीं अच्छे आचरण के लिए अंक देने की प्रथा है और बुरे आचरण के लिए अंक कम करने की है।

6. क्षमा याचना (Apology)

क्षमा याचना के दो रूप हैं: (i) एक निजी तौर पर तथा (ii) सार्वजनिक। अपराधी छात्र क्षमा माँगने पर छोड़ दिया जाता है। सार्वजनिक रूप से अथवा समस्त कक्षा तथा विद्यालय के सामने क्षमा-याचना केवल बड़े अपराधों के लिए ही होनी चाहिए। यदि कोई छात्र अपने से छोटे को तंग करता है तो क्षमा-याचना सबसे अधिक उपयुक्त शस्त्र है।

7. अलग करना (Isolation)

Prof. Russell के विचार में जब कोई छात्र दूसरों के कार्य में विघ्न डालता है तो उसे कक्षा से अलग कर देना चाहिए। उसे कहा जाए कि वह कक्षा की ओर पीठ करके खड़ा हो जाए।

8. सामाजिक अनुमोदन का न होना (Social Disapproval)

यदि छात्र अपराध करता है तो उसके अपने ही साथी असन्तोष प्रकट करते हैं। इस प्रकार की भावना विद्यालय में बहुत ही परिश्रम में उत्पन्न की जा सकती है। निःसन्देह वह विद्यालय बड़ा सौभाग्यशाली है जहाँ इस प्रकार की भावना उत्पन्न हो जाए।

9. जुर्माना (Fines)

यदि विद्यालय में छात्र नहीं आता या देर से आता है तो जुर्माना किया जाता है। दण्ड देने से पहले कारण की खोज की जाए। यदि माता-पिता का कसूर है तो जुर्माना होना चाहिए ताकि वे अपना उत्तरदायित्व समझें। अन्य अपराधों के लिए अर्थ दण्ड अनुचित है।

10. निष्कासित करना (Expulsion)

यह दण्ड तो बहुत ही कम प्रयोग में लाना चाहिए। जब छात्र को सुधारने का और उपाय उपयोगी सिद्ध न हो और छात्र का विद्यालय में रहना दूसरे छात्रों के लिए घोर हानिकारक हो तो छात्र को उच्च अधिकारियों की अनुमति से निकाल दिया जाए। यह दण्ड बहुत ही सोच-विचार के पश्चात् दिया जाना चाहिए।

11. शारीरिक दण्ड (Corporal Punishment)

दण्ड देने की यह प्रथा बहुत ही प्रचलित है। इसके अनेक रूप हैं: 'मुर्गा' बनाना, चपत लगाना, बेंत से पीटना, कान मरोड़ना, हाथ ऊँचे उठाना आदि।

दण्ड का विरोध (OPPOSITION TO PUNISHMENT)

1. दण्ड एक पाशविक प्रवृत्ति है। उसका मानवीय मूल्यों से कोई सम्बन्ध नहीं।
2. बालक कोमल स्वभाव के होते हैं। दण्ड द्वारा वे भीरू बन सकते हैं।
3. दण्ड से छात्र निर्लज्ज और ढ़ीठ बन जाते हैं।
4. दण्ड के भय से कभी-कभी छात्र विद्यालय तथा पढ़ाई भी छोड़ देते हैं।
5. शारीरिक दण्ड कई बार स्थायी रोगों को जन्म देता है।
6. दण्ड के द्वारा छात्रों में स्थायी रूप से अनुशासन के प्रति प्रेम उत्पन्न नहीं किया जा सकता।

दण्ड व्यवस्था के सिद्धान्त (PRINCIPLES OF PUNISHMENT)

अध्यापक वर्ग को चाहिए कि वे सोच-समझकर छात्रों को दण्ड दें। दण्ड न्याय पर आधारित होना चाहिए। अनुशासनहीनता अति ध्यानपूर्वक रोकी जाए। यह भी हो सकता है कि अपराधी को सुधारने में उसका ही सहयोग मिल सके।

दण्ड व्यवस्था के निम्नलिखित सिद्धान्त है:

1. दण्ड तभी दिया जाए जब विश्वास हो जाए कि इसके द्वारा निर्धारित लक्ष्य पूरा हो जाएगा।
2. दण्ड व्यवस्था को विद्यालय के कार्यक्रम का केवल गौण भाग ही रखना चाहिए, इसे मुख्य भाग न बनाया जाए। केवल आवश्यकता पड़ने पर ही इसका उपयोग होना चाहिए। विद्यालय का प्रधान कार्यक्रम तो छात्र को समाज का उपयोगी सदस्य बनाना है।
3. दण्ड का अभिप्राय तो कसूरवार को सुधारना होना चाहिए।
4. अपराधी छात्र से अलग से बातचीत करनी चाहिए, इससे अनेक समस्याएँ शीघ्र सुलझ जाती हैं।
5. अपराधी को बातचीत द्वारा इस बात का ज्ञान करा देना चाहिए कि वह वास्तव में अपराधी है और इसलिए उसको दण्ड दिया जा रहा है।
6. छात्र को दण्ड तभी दिया जाए जब उसका अपराध सिद्ध हो जाए।
7. अपराध का कारण जानने का प्रयास किया जाए।
8. दण्ड अपराध के अनुसार ही दिया जाए।
9. चेतावनी परामर्श के रूप में ही दी जाए न कि धमकी के रूप में।
10. इस प्रकार की चुनौती मत दो, 'मैंने बड़े-बड़े दुष्ट सीधे कर लिए, तू किस खेत की मूली है?'
11. व्यंग्यात्मक वाक्य नहीं कहने चाहिए।
12. छात्रों का विद्यालय से बहिष्कार (Expulsion) केवल अत्यन्त गम्भीर अपराध के लिए ही किया जाए।
13. दण्ड का प्रयोग क्षति-पूर्ति के रूप में भी हो सकता है। जो विद्यार्थी विद्यालय की किसी सामग्री की क्षति करता है, उसकी पूर्ति भी वह करे।
14. दण्ड देते समय छात्र के अभिभावक पर व्यंग्य मत करें तथा उसके घरेलू प्रशिक्षण का उपहास भी नहीं करो।
15. जहाँ तक हो सके छात्र को शारीरिक दण्ड नहीं मिलना चाहिए।
16. गम्भीर अपराधों के लिए उसके अभिभावकों से बातचीत करनी चाहिए।
17. घोर अन्याय को छोड़कर छात्रों के सामने प्रधानाचार्य को अध्यापक का ही पक्ष लेना चाहिए।

18. बालकों को समझा-बुझाकर तथा सुझावों द्वारा अनुशासनहीनता बढ़ने नहीं देनी चाहिए।
19. उसी अपराध पर प्रत्येक बालक को एक-सा दण्ड देना उचित नहीं, क्योंकि उनके स्वभाव भिन्न-भिन्न होते हैं।
20. अपराध और दण्ड देने के बीच अधिक अन्तराल नहीं होना चाहिए।
21. छात्र अनेक अप्रिय कार्य करते हैं इसलिए उनकी हर एक बात पर तुरन्त नाराज नहीं होना चाहिए।
22. क्रोध की अवस्था में दण्ड न दिया जाय।
23. विद्यालय में एक 'दण्ड पुस्तिका' रखी जानी चाहिए, जिसमें प्रत्येक दण्ड तथा छात्र के अपराध का ठीक परिणाम, तारीख आदि का ब्योरा होना चाहिए।
24. अपराध दोहराए जाने पर कठोर दण्ड दिया जाए।
25. ऐसा दण्ड न दिया जाए जिससे अपराधी को शारीरिक चोट पहुँचे।
26. दण्ड देने के पश्चात् उपचारात्मक उपाय काम में लाए जाएँ।

शारीरिक दण्ड (CORPORAL PUNISHMENT)

शारीरिक दण्ड के सम्बन्ध में विद्वानों के विभिन्न विचार हैं। परम्परागत शिक्षा पद्धति में इसका महत्त्वपूर्ण स्थान था। 'Spare the rod and spoil the child' 'दण्ड का न होना बच्चे को बिगाड़ना है': इस प्रकार की विचाराधारा सर्वमान्य थी। कहा जाता था कि जिस व्यक्ति को दण्ड नहीं मिला, वह ठीक हो ही नहीं सका।

आधुनिक विद्वानों का कहना है कि शारीरिक दण्ड अमानुषिक है और निर्दयता का परिचायक है। जिस छात्र को शारीरिक दण्ड मिलता है वह कभी-कभी कुछ समय के पश्चात् एक स्थायी अपराधी भी बन सकता है।

शारीरिक दण्ड के विरुद्ध निम्नलिखित तर्क दिए जाते हैं:

1. यह अहिंसा के सिद्धान्त के विपरीत है।
2. यह छात्र तथा शिक्षक दोनों को कठोर बनाता है।
3. यह असहयोग की देन है।
4. शारीरिक दण्ड का उचित मापदण्ड नहीं।
5. यह अमानुषिक है और निर्दयता का परिचायक है।
6. यह कई बार स्थायी रोगों को जन्म देता है।

शारीरिक दण्ड सम्बन्धी सुझाव

1. शारीरिक दण्ड क्रोध में नहीं देना चाहिए। क्रोध के समय दण्ड की मात्रा का ध्यान नहीं रहता।
2. छात्र का अपराध बिल्कुल निश्चित हो जाना चाहिए।
3. गम्भीर अपराध होने पर ही शारीरिक दण्ड देना चाहिए।
4. दण्ड प्रतिहिंसा के रूप में नहीं होना चाहिए।
5. शारीरिक दण्ड का प्रयोग तभी करना चाहिए जब अन्य सामान्य विधियाँ असफल हो जाएँ।
6. दण्ड शिक्षा विभाग के नियमों के विरुद्ध नहीं होना चाहिए।
7. शारीरिक दण्ड अपराध के अनुसार होना चाहिए।
8. दुर्बल तथा भावुक विद्यार्थियों को शारीरिक दण्ड नहीं देना चाहिए।
9. चौदह वर्ष से अधिक आयु वाले छात्रों को शारीरिक दण्ड नहीं देना चाहिए।
10. शरीर के कोमल अंगों पर शारीरिक दण्ड नहीं देना चाहिए।
11. छः वर्ष से कम आयु वाले बच्चों को शारीरिक दण्ड नहीं देना चाहिए।
12. दण्ड देने का यन्त्र भारी नहीं होना चाहिए।
13. केवल मुख्य शिक्षक ही दण्ड दे सकता है।

नोट: भारत के उच्चतम न्यायालय (Supreme Court) ने वर्ष 2000 में एक महत्त्वपूर्ण निर्णय दिया जिसके अनुसार विद्यालयों में शारीरिक दण्ड पर रोक लगा दी गयी।

पुरस्कार (REWARDS)

अनुशासन में पुरस्कार का वही स्थान है, जो दण्ड का। अनुशासन का उत्तम रीति से पालन करने पर पुरस्कार मिलता है और अनुशासन भंग करने पर दण्ड। जहाँ दण्ड से अपराधों को रोका जाता है, वहाँ पर पुरस्कार छात्रों में अच्छी आदतें डालने में उपयोगी सिद्ध होते हैं। छात्र पुरस्कार द्वारा अच्छी आदतों की ओर आकर्षित किए जाते हैं।

प्रत्येक साधारण व्यक्ति पुरस्कार प्राप्त करने की इच्छा रखता है। यश क्या है? यह भी एक प्रकार का पुरस्कार है। पद और वेतन की वृद्धि भी पुरस्कार का एक स्वरूप है। हम देखते हैं कि पुरस्कार के भिन्न-भिन्न रूप हैं। यश, पद,

अधिकार, धन और वेतन, समाज की प्रगति आदि पुरस्कार पर निर्भर हैं। पुरस्कार की भावना तथा आशा से ही समस्त कार्य किये जाते हैं। हो सकता है कि समाज में कुछ ऐसे भी लोग हों जो निष्काम भाव से कार्य करते हों। परन्तु ऐसे महापुरुषों की संख्या बहुत ही कम है। पुरस्कार की भावना स्वभाविक है, इस सत्य को अस्वीकार करना हमारी भूल होगी।

विद्यार्थियों में पुरस्कार की भावना भी स्वाभाविक है। छात्रवृत्ति प्राप्त करने के लिए छात्र परिश्रम करते हैं। कक्षा में मॉनीटर बनने के इच्छुक अपने अन्दर उत्तम गुणों को धारण करते हैं। अध्यापक की प्रशंसा प्राप्त करने के लिए छात्र प्रयत्न करते हैं। अभिभावकों को प्रसन्न करने के लिए छात्र प्रयत्नशील होते हैं। इस प्रकार छात्र लगन से काम करते हैं और उनमें कर्त्तव्य की भावना आ जाती है।

कुछ विद्वान कहते हैं कि पुरस्कार देना तो एक प्रकार से बालक को लालच अथवा रिश्वत देना है। उनके विचार से छात्र कर्त्तव्य की भावना से काम न करके लालच की भावना से कार्य करता है। वे कहते हैं कि जो अनुशासन पुरस्कार के बल पर है वह बनावटी और खोखला है। इसलिए पुरस्कार के आलोचक पुरस्कार को शिक्षा की दृष्टि से अनावश्यक और घातक मानते हैं। पुरस्कार छात्रों में आपसी होड़ और प्रतियोगिता की भावना उत्पन्न करते हैं अत: ये स्वाभाविक विकास में बाधा डालते हैं।

पुरस्कार क्यों? (Why Rewards?)

1. स्पर्द्धा की भावना उत्पन्न होती है।
2. परिश्रम के लिए प्रोत्साहन मिलता है।
3. अभिभावकों और छात्रों की समाज में प्रतिष्ठा बढ़ती है।

पुरस्कार से हानियाँ (Demerits of Rewards)

1. पुरस्कार प्राप्त करने के लिए छात्र अनुचित साधनों का प्रयोग करते हैं।
2. छात्रों में परस्पर ईर्ष्या तथा द्वेष की भावना आती है।
3. लोभ की प्रवृत्ति को प्रोत्साहन मिलता है। छात्र केवल पुरस्कार को दृष्टि में रखकर कार्य करते हैं।

4. पुरस्कार केवल थोड़े छात्रों को ही दिए जाते हैं जिससे अन्य छात्र हतोत्साहित हो जाते हैं।
5. कभी-कभी पुरस्कार देते समय आशंका बन जाती है कि पक्षपात से काम लिया जा रहा है।
6. कभी-कभी ऐसा सोचा जाता है कि पुरस्कार एक प्रकार से रिश्वत के समान है। छात्र तभी परिश्रम करते हैं, जबकि उन्हें यह रिश्वत दी जाए।

पुरस्कारों के प्रकार (TYPES OF REWARDS)

1. *प्रशंसा*: अच्छा कार्य करने वाले की प्रशंसा करनी चाहिए। प्रशंसा का प्रभाव सम्पूर्ण कक्षा पर पड़ता है। अध्यापक कक्षा में ईमानदार, सदाचारी, आज्ञाकारी तथा परिश्रमी बालक की प्रशंसा करके दूसरे छात्रों को उसका अनुकरण करने के लिए प्रेरित करते हैं। इसी भाँति विद्यालय की सामूहिक प्रार्थना के समय भी प्रधानाध्यापक उन छात्रों की प्रशंसा करता है, जो अच्छा कार्य करते हैं।
2. *सुविधाएँ*: मन लगाकर अध्ययन करने वाले छात्रों तथा खेल-कूद में भाग लेने वाले अच्छे खिलाड़ियों के लिए कुछ विशेष सुविधाओं की व्यवस्था की जा सकती है। कभी-कभी अध्ययनशील छात्रों को एक ही समय में पुस्तकालय से दो या तीन पुस्तकें लेने का अधिकार दे दिया जाता है। शिक्षा में मॉनीटर अथवा प्रीफेक्ट के पद आदि भी दिए जाते हैं।
3. *पदक*: स्वच्छता, समय-पालन, उपस्थिति, समाज सेवा आदि के लिए कई पदक निर्धारित किए जाते हैं, जो विद्यालय में वार्षिकोत्सव के अवसर पर प्रदान किए जाते हैं।
4. *प्रगति पत्र* (Progress Report) *में उल्लेख*: सदाचार, समय-पालन, व्यवहार और स्वच्छता आदि के लिए अंक नियत किए जा सकते हैं और उनका उल्लेख छात्र प्रगति-पत्र पर होना चाहिए।
5. *प्रमाण-पत्र*: विश्वविद्यालय अथवा कॉलेज में भर्ती होते समय प्रमाण-पत्र की आवश्यकता पड़ती है। विभिन्न प्रकार के प्रमाण-पत्र विभिन्न संख्या में दिए जा सकते हैं।
6. *उपयोगी वस्तुएँ*: छात्रों को पुस्तकें, नोट-बुक, कलम-पेन्सिल आदि भी दिए जा सकते हैं। उपयोगी वस्तुएँ देते समय इस बात का ध्यान रखा

जाए कि वे जिस कार्य के लिए दी जा रही हों, उनसे उनका सम्बन्ध होना चाहिए।

7. *सामूहिक पुरस्कार*: छात्रों में सामूहिक भावना भरने के लिए सामूहिक पुरस्कार की व्यवस्था भी होनी चाहिए। इस पुरस्कार का रूप शील्ड होना चाहिए। विजय पताका का रूप भी हो सकता है। ये पुरस्कार विभिन्न कक्षाओं में उपस्थिति, स्वच्छता और समाज-सेवा, खेल-कूद आदि में प्रतियोगिता का आयोजन करके दिए जाएँ।

पुरस्कार सम्बन्धी सिद्धान्त
(PRINCIPLES OF GIVING REWARDS)

1. पुरस्कार परिश्रम तथा बौद्धिक योग्यता के आधार पर दिए जाएँ।
2. पुरस्कार का महत्त्व पुरस्कार में दी जाने वाली वस्तु के मूल्य पर न आँका जाए इसलिए यह मूल्यवान नहीं होना चाहिए।
3. पुरस्कार विभिन्न प्रकार के कार्यों के लिए रखे जाएँ ताकि छात्र रुचि के अनुसार परिश्रम करें।
4. छोटी कक्षाओं में बालकों का ध्यान कार्य में बढ़ाने के लिए पुरस्कार का वितरण वर्ष में दो-तीन बार होना चाहिए।
5. पुरस्कार ऐसा हो जिसके लिए छात्रों को विशेष प्रयास करना पड़े।
6. पुरस्कार द्वारा छात्रों में उत्साह की भावना भरनी चाहिए। आपसी द्वेष की भावना उत्पन्न न होने देनी चाहिए।
7. छात्रों की कम रुचि वाले विषयों में अधिक रुचि बढ़ाने के लिए पुरस्कार रखने चाहिए।
8. विद्यार्थियों को कार्य में तत्पर रखने के लिए समय-समय पर पुरस्कारों की घोषणा करनी चाहिए।
9. पुरस्कार देते समय निष्पक्षता से काम लेना चाहिए।
10. सामूहिक पुरस्कार अधिक मात्रा में रखने चाहिए।

4

अनुशासन तथा विद्यालयों में स्वशासन अथवा छात्रों की स्कूल कार्य में भागेदारी
(Discipline and Self-Government in Schools)

विद्यालय में स्वशासन का महत्त्व
(IMPORTANCE OF SELF-GOVERNMENT IN SCHOOL)

प्रजातन्त्र आज के युग की देन है। भारतवर्ष ने प्रजातन्त्र के आदर्श अपनाए हुए हैं। प्रजातन्त्र की सफलता के लिए यह अति आवश्यक है कि प्रजातन्त्र के सिद्धान्तों में विश्वास रखने वाले तथा उन पर आचरण करने वाले नागरिक इस पद्धति को अपनाएँ। भावी नागरिकों को प्रजातन्त्र पद्धति में शिक्षा देने का सबसे महत्त्वूपर्ण स्थान विद्यालय ही है। वह समय गया जबकि छात्रों को केवल पुस्तकीय शिक्षा ही प्रदान की जाती थी और हमारे विद्यालय केवल 'किताबी कीड़े' ही निर्माण करते थे। छात्रों की सर्वांग उन्नति के लिए विद्यालयों का एक विशेष महत्त्व है।

विद्यार्थी को अज्ञानी, अनुभवहीन तथा अविकसित समझकर उसे पुराने जमाने में विद्यालय शासन में भाग लेने की सुविधाएँ प्रदान करने की बात कोई भी नहीं सोचता था, परन्तु आजकल इस बात को बहुत महत्त्व दिया जा रहा है।

अच्छे नागरिक निर्माण करना विद्यालय का एक परम कर्त्तव्य माना जाता है। आज इस बात को शिक्षाशास्त्र के लगभग सभी विशेषज्ञ मानते हैं कि अच्छे नागरिक बनाने के लिए यह आवश्यक है कि छात्रों को इस बात का अवसर दिया जाए कि वे अपने कार्य स्वयं करें। इस बात का सरल उपाय यही है कि विद्यालय

में छात्रों को अपने ऊपर शासन करने की उचित शिक्षा दी जाए ताकि वे अपने भावी जीवन में प्रजातान्त्रिक सिद्धान्तों का पालन उचित ढंग से कर सकें।

माध्यमिक शिक्षा आयोग 1952-53 का विचार है कि छात्रों में अनुशासन तथा उचित व्यवहार की भावना भरने का सबसे उत्तम उपाय स्वशासन है। छात्र अपने प्रतिनिधि चुनें जो अपने लिए तथा विद्यालय के उत्थान के लिए नियम पालन कराने में सहायक सिद्ध हों। विद्यालय के कामों का प्रबन्ध करने में विद्यार्थियों का भाग लेना उनको नागरिकता की शिक्षा देने का प्रभावपूर्ण मार्ग है। उनके व्यक्तित्व के विकास के लिए उनकी शक्तियों का सदुपयोग करने के लिए इस प्रकार का प्रोग्राम अपना विशेष महत्त्व रखता है।

स्वशासन का स्वरूप
(IMPORTANCE OF SELF-GOVERNMENT IN SCHOOL)

Good's Dictionary के अनुसार Student Government is "the maintenance of order and the regulation of matters of conduct in school by elected representatives chosen from the student body by the students themselves".

पी.डब्ल्यू. टेर्री (*P.W. Terry*): ने स्वशासन के पाँच रूप दिए हैं:

1. *अनौपचारिक रूप* (*The Informal Type*): यह विद्यार्थियों की अस्थायी समिति होती है। जिस समय आवश्यकता पड़ती है उस समय भिन्न-भिन्न कामों के लिए विद्यालयों में इस प्रकार की संस्थाएँ बनाई जाती हैं। उदाहरणार्थ, जब विद्यालय का वार्षिक उत्सव मनाया जाता है तो काम सुचारू रूप से चलाने के लिए ऊँची कक्षाओं के छात्र या दूसरे कार्यकुशल छात्र अधिकारियों की सहायता करते हैं और वार्षिकोत्सव के समाप्त होने पर इस प्रकार की संस्था को तोड़ दिया जाता है।

2. *विशिष्ट सेवा-सम्बन्धी समितियाँ* (*The Specific Service Type*): कुछ प्रकार के कार्य जैसे हाजिरी लगाना, सफाई का ध्यान रखना, वाचनालय की देखभाल करना आदि बालकों को सौंप दिए जाते हैं। ये छात्र कई बार अधिकारियों द्वारा नियुक्त किए जाते हैं और कई बार इनका चुनाव होता है।

3. *साधारण कौंसिल का रूप* (*Simple Council Type*): इस प्रकार के स्वशासन के रूप में छात्रों की एक संस्था होती है जिसे 'छात्र परिषद्' कहते हैं। यह परिषद् ही छात्रों के सारे कार्यों की देखभाल करती है।

4. *जटिल समिति* (*Complex Council Type*): इस प्रकार के स्वशासन में छात्रों की दो परिषदें होती हैं। एक छोटी परिषद् होती है, जो कार्यकारिणी शक्तियाँ रखती हैं, दूसरी बड़ी जो वैधानिक शक्तियाँ रखती है। पहली की तुलना मन्त्री-परिषद् से तथा दूसरी की तुलना विधान-परिषद् से की जाती है।
5. *स्कूल नगर राज्य* (*School City Type*): विद्यालयों में इस प्रकार की सरकार कायम की जाती है जैसी किसी नगर के राज्य की सरकार होती हैं। यह स्वशासन की विस्तृत पद्धति है। सारे छात्रों को विभिन्न वार्डों में बाँट दिया जाता है, जो कांसलर अथवा छात्रों के प्रतिनिधि चुनती है। इस प्रकार की पद्धति अमेरिका में अधिकांश विद्यालयों में प्रचलित है।

छात्रों का विद्यालय के प्रत्येक कार्य में भाग लेना या पूर्ण स्वशासन के अन्तर्गत कार्य करना

इस प्रकार का रूप तो प्रगतिशील स्कूलों में भी नहीं है। विद्यालय में अनेक प्रकार के ऐसे कार्य होते हैं जो छात्रों को सौंप दिए जाते हैं तथा जिनके संचालन से छात्रों में नागरिकता के गुणों का निर्माण होता है। साधारण रीति का स्वशासन विद्यालयों में सुगमता से चल सकता है।

विद्यालय परिषद्

स्वशासन का सरल ढाँचा विद्यालय परिषद् है। यह संस्था समस्त छात्रों की प्रतिनिधि संस्था होती है। इस परिषद् का निर्माण दो तरीकों से किया जाता है—प्रत्यक्ष या अप्रत्यक्ष रूप से। प्रथम रूप में विद्यालय के समस्त छात्र परिषद् के सदस्यों का चुनाव प्रत्यक्ष मतदान द्वारा करते हैं। चुनाव में छात्र भिन्न-भिन्न पदों के लिए खड़े होते हैं। जो छात्र अधिक मत प्राप्त करता है, वह विजयी घोषित कर दिया जाता है। चुनाव में विजयी सदस्य विद्यालय परिषद् का काम चलाते हैं। मुख्याध्यापक द्वारा कई बार कुछ योग्य छात्र नामजद भी कर दिए जाते हैं।

चुनाव की दूसरी विधि में प्रत्येक कक्षा से एक या दो प्रतिनिधि लिए जाते हैं। ये प्रतिनिधि कक्षा के छात्र चुनते हैं। कक्षाओं द्वारा चुने गए प्रतिनिधि मिलकर परिषद् के अधिकारियों का चुनाव करते हैं।

परिषद् को सलाह देने के लिए एक अनुभवी शिक्षक प्रधानाचार्य द्वारा नियुक्त कर दिया जाता है। परिषद् को विभिन्न समितियों में बांट दिया जाता है। इन समितियों को निम्नलिखित कार्य सौंपे जा सकते हैं:

1. खेल-कूद का संगठन करना।
2. विद्यालय की स्वच्छता तथा स्वास्थ्य की देखभाल करना।
3. वाद-विवाद तथा साहित्यिक क्रियाओं का संगठन।
4. स्कूल सहकारिता समिति।
5. विद्यालय-पत्रिका का सम्पादन।
6. समाज कल्याण कार्यों की देखभाल करना।

उपरोक्त कार्यों के अतिरिक्त और भी कार्य परिस्थिति के अनुसार विद्यालय परिषद् को सौंपे जा सकते हैं। प्रत्येक कार्य जो शिक्षा की दृष्टि से महत्त्वपूर्ण है, इस परिषद् को सौंपा जा सकता है।

एच.सी. मकनोन (H.C. Mcknown) ने बहुत से कार्यों का उल्लेख किया है, जो कि छात्रों को सौंपे जा सकते हैं और उनका सहयोग प्राप्त किया जा सकता है। निम्नलिखित कार्य सौंपे जाने चाहिए:

1. नये सदस्यों का स्वागत करना।
2. गैरहाजिर छात्रों की चीजों की देखभाल।
3. विद्यालय के वार्षिक उत्सव के समय अतिथियों का स्वागत करना।
4. बीमार छात्रों के घर उनकी पूछताछ के लिए जाना।
5. टीमों का स्वागत करना।
6. कमजोर छात्रों की सहायता करना।
7. प्रदर्शनों का प्रबन्ध करना।
8. विद्यालय की स्वच्छता की देखभाल करना।
9. प्रतियोगिताओं का प्रबन्ध करना।
10. विद्यालय को सुन्दर बनाना।
11. नम्रता आदि सद्व्यवहार के सप्ताह मनाना।
12. विद्यालय के गीत इकट्ठे करना तथा छपवाना।
13. विद्यालय का इतिहास लिखना।

14. दीवार-पत्रिका चलाना।
15. विद्यालय-पत्रिका चलाना।
16. समाज सेवा सम्बन्धी कार्यों में सहायता देना।
17. बाढ़ के समय सहायता प्रदान करना।
18. प्रौढ़-शिक्षा केन्द्र स्थापित करना।
19. विद्यालय में खोई हुई वस्तुओं की देखभाल करना।
20. विद्यालय की सम्पत्ति के प्रति छात्रों में आदर की भावना भरना।
21. विद्यालय द्वारा जीते गए पुरस्कारों की देखरेख।
22. खेलों के समय नियमों का पालन करना।
23. छात्रों में पढ़ाई सम्बन्धी अच्छी आदतें डालना।
24. विद्यालय में तथा बाहर अच्छा व्यवहार रखना।
25. विद्यालय-सहकारिता की देखभाल करना।
26. धूम्रपान के विरुद्ध प्रचार करना।
27. विद्यालय परिषद् के कार्यक्रम की रचना।
28. भ्रमण यात्रा का प्रबन्ध करना।
29. विद्यालय के अजायबघर की देखभाल करना।
30. विद्यालय के बगीचे की देखभाल करना।
31. विद्यालय के नियमों के प्रति छात्रों में आदर की भावना का निर्माण करना।
32. पुस्तकालय के संरक्षण में सहायता देना।
33. दैनिक समाचार लिखना।
34. दैनिक विचार लिखना आदि।
35. विद्यालय में विद्यार्थियों से प्राप्त चन्दे के खर्च करने में सलाह देना।

छात्र-स्वशासन तथा इस प्रकार के प्रोग्राम से लाभ
(MERITS OF STUDENT SELF-GOVERNMENT AND ALLIED PROGRAMME)

1. नेतृत्व की शिक्षा

स्वशासन छात्रों में नेतृत्व की शक्ति का विकास करता है। वे विद्यालय के शासन में स्वयं भाग लेते हैं। पाठ्यक्रम सहगामी क्रियाओं का संगठन तथा

समय-समय पर विद्यालयों के समारोहों की आयोजना का प्रबन्ध करने से उनमें व्यावहारिक कुशलता आती है। इस प्रकार की कुशलता पुस्तकों के ज्ञान से कदापि नहीं आ सकती। सभापति का कर्त्तव्य हो जाता है कि वह सभा की कार्यवाही ठीक प्रकार से चलाये। क्रियाओं का ठीक प्रबन्ध करे। अपने साथियों की माँगों की जाँच करे और उचित माँगों को पूरा कराने के लिए अधिकारियों के सम्मुख अपना पक्ष उचित रीति से रखे। कार्य की सफलता के लिए वह परिषद् के सारे सदस्य छात्रों का सहयोग प्राप्त करे।

2. उत्तरदायित्व

स्वशासन द्वारा छात्रों में व्यक्तिगत तथा सामूहिक उत्तरदायित्व की भावनाएँ पैदा होती हैं। छात्र इस बात को समझने लगते हैं कि नियमों के बिना कोई भी संस्था सफल नहीं हो सकती। उनमें आत्मसंयम तथा आत्मशासन की भावनाएँ जागृत होती हैं। वे समझने लगते हैं कि विद्यालय उनका है। अतः उन्हें विद्यालय के नियमों का पालन करना चाहिए।

3. सहयोग की शिक्षा

छात्र आपस में मिल-जुलकर कार्य करते हैं और सहयोग का पाठ सीखते हैं।

4. उचित चुनाव करने की शिक्षा

यदि छात्र अपने योग्य प्रतिनिधि नहीं चुनते तो उनके कार्य सुचारू रूप से नहीं चल सकते। इस कारण चुनाव करते समय वे सावधानी से काम लेते हैं और उचित चुनाव का पाठ जो भविष्य में भी उनके काम आता है, विद्यालय में सीखते हैं।

5. विद्यालय का स्तर उच्च करना

जब छात्रों पर अनुशासन स्थापित करने का भार डाल दिया जाता है तो वे तन-मन से इस बात का प्रयत्न करते हैं कि विद्यालय का अनुशासन भंग न हो। वे विद्यालय में उत्पन्न होने वाली अपनी जिम्मेदारियाँ समझने लगते हैं और उन्हें निभाने का प्रयत्न करते हैं। वे विद्यालय में उत्पन्न होने वाली अनुशासनहीन प्रवृत्तियों को दूर करने में अपना सहयोग सहर्ष प्रदान करते हैं। 'यह विद्यालय मेरा

है'–इस प्रकार की भावना उनमें जागृत होती है और वे विद्यालय को अपना समझकर उसके उत्थान के लिए भरसक प्रयत्न करते हैं।

6. व्यवस्था में प्रशिक्षण

सहपाठीय क्रियाओं का प्रबन्ध छात्रों द्वारा ही किया जाता है। इस प्रकार उनकी संगठन करने की शक्ति का विकास होता है।

7. छात्र अध्यापक सम्पर्क में दृढ़ता

अध्यापक छात्रों के निर्देशक के रूप में काम करते हैं। छात्र विद्यालय की क्रियाओं का संगठन करने के लिए अध्यापक वर्ग की सलाह लेते हैं। अध्यापकों का छात्रों को और छात्रों को अध्यापकों को भली-भाँति समझने का अवसर मिल जाता है। अध्यापक छात्रों के गुणों तथा शक्तियों से परिचित हो जाते हैं तथा उनकी शक्तियों का प्रयोग आवश्यकतानुसार कर सकते हैं।

8. छात्रों की मौलिक प्रवृत्तियों के विकास के अवसर

जब छात्र स्वयं स्कूल के क्रियाकलापों का प्रबन्ध करते हैं तो उन्हें अपनी मौलिक शक्तियों के विकास के उपयुक्त अवसर मिल जाते हैं।

छात्र स्वशासन की सीमाएँ
(LIMITATIONS OF STUDENT SELF-GOVERNMENT)

1. अध्यापक वर्ग की उदासीनता

प्राय यह देखा जाता है कि अध्यापक तथा प्रधानाचार्य नहीं चाहते कि छात्र स्कूल के शासन में सम्मिलित हों। उनका विचार है कि स्वशासन से उनकी शक्ति कम हो जाएगी और उनका मान भी घट जाएगा। उन्हें इस बात का भय है कि यदि शासन की बागडोर छात्र स्वयं ले लेंगे तो उनके आत्म-सम्मान पर आघात पहुँचेगा।

2. छात्रों की अनुचित मांगे

छात्र स्वशासन प्राप्त करने पर अपनी स्थिति से लाभ उठाने की चेष्टा करते

हैं। विद्यालय के कामों में वे अनाधिकार हस्तक्षेप करते हैं। उपयुक्त तथा अनुपयुक्त माँगें अधिकारियों के सामने रखते हैं। इस प्रकार अध्यापक वर्ग तथा छात्रों में सहयोग के स्थान पर संघर्ष होते हैं और अनुशासन शिथिल हो जाता है।

3. छात्रों की सीमाएँ

छात्रों में स्वतन्त्रतापूर्वक सोचने की शक्ति कम होती है, इस कारण स्वशासन सफल नहीं होता।

4. योग्य छात्रों का स्वशासन में भाग न लेना

कई बार योग्य छात्र स्वशासन में भाग नहीं लेते क्योंकि वे समझते हैं कि ऐसा करने से उनकी पढ़ाई में बाधा होगी। परिणामस्वरूप ऐसे प्रोग्रामों में उनकी योग्यता का लाभ नहीं उठाया जा सकता।

5. छात्र प्रतिनिधि चुनने में विवेक का अभाव

बहुत बार देखा गया है कि छात्र अपना नेता चुनते समय उचित सावधानी नहीं बरतते। इसका परिणाम यह होता है कि शरारती छात्र उनके प्रतिनिधि चुने जाते हैं, जो विद्यालय के प्रबन्धकों से सदा झगड़ते ही रहते हैं और इस प्रकार शिक्षा का स्तर ऊँचा उठने की अपेक्षा गिरता जाता है।

6. राजनैतिक हस्तक्षेप

राजनैतिक दल अपना स्वार्थ सिद्ध करने के लिए छात्र-परिषदों को गलत रास्ते पर ले जाते हैं। यही कारण है कि देश के बहुत से शिक्षाशास्त्रियों ने इसके विरुद्ध आवाज उठाई है।

7. छात्रों में झगड़े

कई बार छात्र परिषद् के चुनावों में छात्रों के आपसी झगड़े भयानक रूप धारण कर लेते हैं। उनमें मारपीट तक की नौबत आ जाती है। प्रेम के स्थान पर आपसी वैमनस्य उत्पन्न हो जाता है।

8. आदर्श वातावरण का अभाव

छात्र परिषद् आदर्श वातावरण में ही काम कर सकती है। आज जबकि विद्यालयों में बहुत-सी कमियाँ हैं और बहुत-सी वस्तुओं का अभाव है तो इस पद्धति का सफल होना कठिन ही दिखाई देता है।

9. समय की बदबादी

इस प्रणाली के अपनाने से छात्रों का बहुत समय नष्ट होता है। वे पढ़ने-लिखने की अवहेलना करके इन्हीं क्रियाओं में लगे रहते हैं।

छात्र स्वशासन सफल बनाना
(MAKING STUDENT SELF-GOVERNMENT SUCCESS)

1. सबसे पहले तो अध्यापकों पर स्वशासन की सफलता का उत्तरदायित्व है। वे छात्रों में विश्वास करना सीखें। छात्रों में उत्तरदायित्व की भावना तभी आएगी जबकि उन पर विश्वास किया जाए। छात्रों को अधिकार तथा जिम्मेदारी नाममात्र की ही न दी जाए, उनको असली अधिकार सौंप दिए जाएँ। अध्यापक तथा प्रधानाध्यापक उदारहृदयता दिखावें। एच.जी. स्टेड (H.G. Stead) ने लिखा है कि प्रधानाध्यापक तथा शिक्षकों को अपने विचार छात्रों के प्रतिनिधियों पर जबरन नहीं डालने चाहिए। यदि ऐसा है तो छात्रों की सरकार की स्थापना करना बिल्कुल बेकार है।
2. प्रधानाध्यापक तथा शिक्षकों को छात्रों की सरकार की गतिविधि बराबर देखनी होगी। 'छात्रों की सरकार' स्थापित करने पर उनका काम हल्का नहीं होता, बल्कि बढ़ जाता है। उन्हें इस बात का ध्यान रखना होगा कि छात्रों के प्रतिनिधि गलत रास्ते पर न चलें। W.R. Smith का कथन है—"A school, city, state, student council or any other form of student management, requires a constant and intelligent supervision in which neither direction nor aloofness is conspicious." अर्थात् छात्रों द्वारा स्थापित की गई सरकार पर निरन्तर तथा बुद्धिमानी के साथ निरीक्षण करना परमावश्यक है। स्वशासन को अकेला नहीं छोड़ा जा सकता और न ही डाँट-डपट द्वारा काम लिया जा सकता है।

3. छात्रों को अधिकार धीरे-धीरे दिए जाएँ। प्रारम्भ में प्रधानाध्यापक द्वारा छात्रों के जिम्मे मामूली काम ही सौंपे जाने चाहिए। अनुभव द्वारा ज्ञात होता है कि जहाँ छात्रों को अधिकार शनैः-शनैः दिए गए, वहाँ स्वशासन सबसे अधिक सफल हुआ। अधिकार जिम्मेदार छात्रों की प्रार्थना पर ही दिए जाएँ और शर्तें रख दी जाएँ कि यदि सफलता न होगी तो उनमें संशोधन कर दिया जाएगा।
4. प्रधानाचार्य की पूर्ण सहानुभूति परम आवश्यक है।
5. प्रत्येक समिति में एक अध्यापक का होना आवश्यक है जो उसके कार्य में परामर्श दे सके और जो उसके कार्य पर पूरी देख-रेख रख सके।
6. समितियों की सारी बैठकें पाठशाला भवन में ही होनी चाहिए।
7. रुपये-पैसे के हिसाब पर पूरी देख-रेख होनी चाहिए।
8. प्रत्येक छात्र-समिति के लक्ष्य निर्धारित होने चाहिए।
9. साधारण छात्र अनुभव करें कि छात्र सभा में उनका भी स्थान है। प्रत्येक छात्र को चुनाव में वोट का अधिकार मिलना चाहिए।
10. छात्र-परिषद् के कर्त्तव्य निर्धारित किए जाने चाहिए।
11. वीटो पावर (Veto Power) प्रधानाचार्य के पास होनी चाहिए।
12. प्रत्येक समिति का लिखित विधान होना चाहिए।
13. जहाँ तक सम्भव हो, एक छात्र केवल एक ही समिति का सदस्य होना चाहिए अन्यथा उसका बहुत-सा समय इस प्रकार के कार्यों में ही लगेगा।
14. चुनाव कराने से पूर्व छात्रों को चुनाव के सिद्धान्त भली-भाँति समझा देने चाहिए उनको इस प्रकार का ज्ञान करा देना चाहिए कि किस-किस पद के लिए किस-किस प्रकार की योग्यता होनी चाहिए ताकि वे चुनाव करते समय इन बातों को ध्यान में रखें।
15. प्रधानाचार्य तथा अध्यापक वर्ग बदलती हुई परिस्थितियों तथा शिक्षा में नये विचारों पर उचित ध्यान दें और पुरातन विचार जहाँ पर छोड़ने चाहिए, वहाँ पर छोड़कर नये विचार अपनाएँ।
16. यदि कभी कोई उद्दण्ड छात्र परिषद् का सभापति चुन लिया जाए तो प्रधानाचार्य तथा शिक्षक वर्ग पर एक विशेष जिम्मेदारी आ जाती है।

उस छात्र से धैर्यपूर्वक तथा चतुराई से काम लिया जाए। प्रयास यह होना चाहिए कि उस छात्र का सुधार किया जाए न कि उसे परिषद् से निकाला जाए।

17. छात्र परिषद् अपनी क्रियाओं, लक्ष्यों तथा समस्याओं का उचित प्रचार करे।

छात्रों को प्रजातन्त्रवाद के लिए तैयार करने के लिए बहुत से उत्साही शिक्षाशास्त्री केन्द्रीय सभाओं के समान ही विद्यालय में सभाएँ स्थापित करना चाहते हैं। उनका विचार है कि छात्रों को प्रजातन्त्रवाद में ट्रेनिंग तभी मिलेगी जब विद्यालय में अनेक प्रकार के दल होंगे। सैद्धान्तिक रूप से यह विचार भले ही ठीक हो, परन्तु इस प्रकार की पद्धति को लागू करने में अनेक हानियाँ हैं। इस प्रकार की पद्धति में राजनीति की बू आती है और विद्यालयों में राजनीति के लिए कोई स्थान नहीं होना चाहिए। हमारा लक्ष्य तो छात्रों को स्वशासन के सिद्धान्तों से परिचित कराना तथा उन पर आचरण कराना है और यह लक्ष्य विद्यालय में सरल पद्धति के स्वशासन द्वारा प्राप्त किया जा सकता है।

यदि उपरोक्त सिद्धान्तों को आचरण में लाया जाए तो विद्यालय में स्वशासन को काफी सफल बनाया जा सकता है। छात्र को सुगमतापूर्वक इस प्रकार की ट्रेनिंग मिलेगी जिससे नियमों का पालना करना सीखेंगे और विद्यालय का अनुशासन आत्मानुशासन बन जाएगा।

5

समय सारणी
(Time Table)

समय सारणी का अर्थ (MEANING OF TIME TABLE)

समय सारणी को विद्यालय की दूसरी घड़ी कहा जाता है। यह वह तालिका है जिससे विद्यालय के सारे कार्यों का एक दृष्टि में पता चलता है। इसके द्वारा हम जान लेते हैं कि स्कूल में कितने घण्टे कार्य होता है, किस समय किस कक्षा में, कौन-सा कार्य होना चाहिए, कौन-से शिक्षक कक्षा में होने चाहिए तथा कौन-से दूसरे कार्य करते हुए वे व्यस्त रहें, प्रातः असेम्बली का, व्यायाम का, खेलों तथा आधी छुट्टी आदि का कौन-सा समय है?

समय सारणी के बारे में विद्वानों ने निम्न प्रकार से विचार प्रस्तुत किए हैं:

1. *सुल्तान मेहियुद्दीन* (*Sultan Mahiyuddin*) के अनुसार, "समय सारणी को विद्यालय की दूसरी घड़ी कहा गया है। यह उन घण्टों को दर्शाती है, जिनमें स्कूल का कार्य होता है। दिन में प्रत्येक पीरियड में प्रत्येक कक्षा में किस कक्षा-कक्ष में कार्य होना है तथा इस कार्य का इन्चार्ज कौन अध्यापक होगा, यह सब समय सारणी बताती है।

2. *एच.जी. स्टैड* (*H.G. Stead*) का लिखना है, "यह समय सारणी ही है जो कार्य की रूपरेखा प्रस्तुत करती है जिसके अनुसार विद्यालय का कार्य होता है। यह एक ऐसा साधन है जिस के माध्यम से स्कूल का उद्देश्य तथा लक्ष्य सम्पादित होता है।

3. *डा. जसवन्त सिंह* (*Dr. Jaswant Singh*) के शब्दों में, "समय सारणी विद्यालय का 'स्पार्क प्लग' (*Spark Plug*) है जो विद्यालय के विभिन्न कार्यों तथा कार्यक्रमों को संचालित करता है।"

4. *एडमॉनसन (Edmonson)के विचार में:* "समय-सारणी पूरे दिन की रूप-रेखा है।"

संक्षेप में कहा जा सकता है कि समय सारणी एक दृष्टि में स्कूल में अध्यापकों तथा छात्रों के किए जाने वाले कार्यक्रमों का ब्यौरा दर्शाती है।

समय सारणी में दी जाने वाली सूचना
(INFORMATION INCLUDED IN THE TIME TABLE)

समय सारणी में मोटे तौर पर निम्न प्रकार की सूचना होती है:

1. विद्यालय के प्रतिदिन आरम्भ तथा समाप्ति का समय।
2. विद्यालय में कार्य के घण्टे।
3. विद्यालय में कुल पीरियड।
4. कक्षा में पीरियडों की अवधि। (Duration of Periods)
5. मध्यान्तर, अल्प एवं दीर्घविराम। (Interval or Short and Long or Recess)
6. विद्यालय में पढ़ाये जाने वाले विषय।
7. विद्यालय में आयोजित की जाने वाली क्रियाएँ।
8. प्रत्येक विषय के पढ़ाए जाने वाले दिन।
9. प्रत्येक विषय में पढ़ाए जानेवाले पीरियड।
10. प्रत्येक विषय के अध्यापक का नाम।
11. प्रत्येक विषय, कार्यक्रम तथा कक्षा का कमरा।
12. प्रत्येक कक्षा के इंचार्ज अध्यापक का नाम।
13. अध्यापक के कार्य का पीरियड।
14. किसी विशेष कक्षा की समय सारणी।
15. प्रत्येक अध्यापक के कार्य का विवरण।
16. अध्यापकों के खाली घण्टे। (Vacant Periods)

समय सारणी के प्रकार (TYPES OF TIME-TABLE)

1. समूचे स्कूल के लिए सुसंगठित समय-सारणी, जो स्कूल की प्रत्येक

क्रिया, प्रत्येक कक्षा तथा प्रत्येक अध्यापक के समय तथा कार्य के बारे में बताए।

2. कक्षा समय–सारणी।
3. शिक्षक समय–सारणी।
4. अध्यापकों के अवकाश सम्बन्धी समय–सारणी।
5. क्रीड़ा समय–सारणी।
6. पाठ्येत्तर क्रिया समय–सारणी।
7. गृह–कार्य समय–सारणी।
8. प्रयोगशाला समय–सारणी।
9. वर्कशॉप समय–सारणी।
10. विशिष्ट विषय समय–सारणी।
11. अभिभावकों से प्रधानाचार्य तथा अध्यापकों के मिलने की समय सारणी।

समय–सारणी की आवश्यकता एवं उपयोगिता
(NEED AND UTILITY OF TIME-TABLE)

1. *स्कूल में नियमपूर्वक कार्य होना*: समय–विभाग–चक्र विद्यालय में अनावश्यक विचलन तथा अस्तव्यस्तता को रोकता है। जरा सोचो, यदि प्रत्येक अध्यापक अपनी इच्छानुसार कार्य करे और प्रत्येक विद्यार्थी अपनी इच्छानुसार कक्षा में जाए तो विद्यालय की क्या दशा होगी! अनुशासनहीनता ही सर्वत्र दृष्टिगोचर होगी।
2. *सभी कार्यों पर उचित ध्यान*: समय–विभाग–चक्र द्वारा सभी कार्यों को उनके महत्त्व के अनुसार समय मिल जाता है।
3. *मानवीय तथा भौतिक साधनों का सदुपयोग*: निःसन्देह प्रत्येक कार्य योजनानुसार होना चाहिए, इससे समय तथा शक्ति का पूरा–पूरा लाभ उठाया जा सकता है। समय विभाग चक्र द्वारा उपयुक्त शिक्षक, उपयुक्त समय पर, उपयुक्त रीति से उपयुक्त कक्षा में, उपयुक्त विषय पढ़ाता है। इसके माध्यम से सभी प्रकार के साधनों का अधिकतम लाभ उठाया जा सकता है।
4. *नैतिक गुणों पर बल*: शिक्षकों तथा विद्यार्थियों में समय पर काम करने का गुण निर्माण होता है।

5. *विद्यालय में निश्चित सुव्यवस्था:* छात्रों तथा अध्यापकों को पता रहता है कि किस समय उन्होंने कौन-सा काम करना है।
6. *छात्रों में शिथिलता तथा प्रमाद को रोकना:* समय-विभाग-चक्र छात्रों में शिथिलता तथा प्रमाद को रोकता है तथा अतिशीघ्रता पर भी प्रतिबन्ध लगाता है। छात्र तथा शिक्षक सारा वर्ष ही कार्य निश्चित होने पर व्यस्त रहते हैं।
7. *छात्रों की आवश्यकताओं को ध्यान में रखना:* बालकों की मानसिक तथा शारीरिक स्थिति को ध्यान में रखा जाता है तथा थकावट को दूर करने में अथवा कम करने में यह सहायता देता है।
8. *शिक्षकों का समान कार्य-भार:* समय-सारणी को प्रत्येक शिक्षक को दिये गए कार्य-भार का सार-रूप ढाँचा माना जाता है। इसके निरीक्षण से तुरन्त पता चल जाता है कि कार्य-भार समान है या नहीं। कार्य-भार समान करने के उपाय सोचे जाते हैं।
9. *शिक्षकों को उनके पाठों की तैयारी में सहायता:* अध्यापक पहले से जानते हैं कि किस घण्टे में क्या पढ़ाना है। उसी के अनुसार वे तैयारी करके आते हैं।
10. *छात्रों के लिए लाभ:* छात्र भी जानते हैं कि कब-कब किस विषय की पढ़ाई होगी। उसी के अनुसार वे पुस्तकें तथा कापियां लाते हैं तथा घर का कार्य करते हैं।
11. *अध्यापक की कार्यकुशलता में वृद्धि:* अध्यापक अपने विषय की तैयारी पीरियड से पहले कर लेते हैं। तैयारी करने से उनमें आत्मविश्वास तथा कार्यकुशलता आदि गुणों का निर्माण होता है।
12. *विद्यालय में अनुशासन:* समय-सारणी के अनुसार ठीक समय पर घंटियाँ बजाई जाती हैं तथा अध्यापक एवं छात्र अपने-अपने कार्य के अनुसार कक्षा-कक्षों में चले जाते हैं।
13. *स्वस्थ आदतों का निर्माण:* विद्यालय से जुड़े हुए सभी पक्ष अर्थात् मुख्याध्यापक, अध्यापक, छात्र तथा कर्मचारी समय का पालन करना सीखते हैं।
14. *प्रशासन तथा प्रबन्ध में सहायक:* समय-सारणी विद्यालय का दर्पण है जिसके माध्यम से मुख्याध्यापक को सभी छात्रों तथा अध्यापकों के

कार्यक्रम के बारे में पूरी जानकारी रहती है। मुख्याध्यापक अपने कार्यलय में बैठा हुआ विद्यालय के समस्त किए जाने वाले कार्यों पर अपनी नजर रख सकता है।

संक्षेप में: अच्छी समय सारणी स्कूल के सभी प्रकार के तत्त्वों में समायोजन को सुनिश्चित करती है।

समय-सारणी बनाने के सिद्धान्त
(PRINCIPLES OF TIME-TABLE FRAMING)

समय-सारणी बनाते समय कई सिद्धान्तों पर ध्यान देना होता है। समय-सारणी बनाने में बहुत दक्षता और चतुराई से कार्य करना पड़ता है। प्रायः मुख्याध्यापक द्वारा यह कार्य किसी सीनियर तथा अनुभवी अध्यापक को दिया जाता है। समय-सारणी बनाने के निम्नलिखित सिद्धान्त हैं:

1. स्कूल किस स्तर का है?

समय-विभाग-चक्र स्कूल के कार्यों पर निर्भर है। लड़कों का विद्यालय है अथवा लड़कियों का, साधारण स्कूल है या पब्लिक, शिशु स्कूल है या बड़े बच्चों का, ग्रामीण स्कूल है अथवा नगर का–इस बात का समय-विभाग-चक्र पर विशेष प्रभाव पड़ता है। जहाँ दो पारियाँ लगती हैं वहाँ समय कम होता है। इसलिए समय-विभाग-चक्र अन्य ढंग से बनाया जाएगा। मिले-जुले स्कूलों में लड़कियों की सुविधा के लिए कुछ विशेष परिवर्तन करने होंगे। घंटे का समय बड़े स्कूलों में ज्यादा होगा और छोटे स्कूलों में कम।

2. विभागीय नियम

किस विषय को तथा किस कार्य को कितना समय दिया जाए, इसका निर्णय कुल समय पर आधारित है। प्रायः हायर सेकेण्डरी स्कूलों में प्रतिदिन स्कूल अधिक समय के लिए लगता है, इस कारण घंटे भी बड़े होते हैं, दूसरा कारण यह है कि बड़े बच्चे जल्दी नहीं थकते। समय निर्धारित करते समय मौसम, स्थान, बच्चों की कक्षा तथा विषय को ध्यान में रखते हुए एक सप्ताह में पढ़ाने का समय (ड्रिल तथा आधी छुट्टी को छोड़कर) नीचे दी हुई सीमा से बाहर नहीं जाएगा।

पहली कक्षा	16 घंटे

दूसरी तथा तीसरी कक्षा	19 घंटे
चौथी	24 घंटे
सेकेन्डरी कक्षाएँ	30 घंटे

3. विषयों का महत्त्व तथा विषयों की कठिनता

स्कूल के पाठ्यक्रम में कुछ विषय अधिक महत्त्वपूर्ण माने गए हैं तथा कुछ कम, कुछ अधिक कठिन माने जाते हैं। अंग्रेजी तथा हिसाब का विषय अधिक महत्त्वपूर्ण माना गया है तथा कठिन भी। अत: इनको अधिक समय दिया जाता है। गाँव के स्कूलों में कृषि तथा बागवानी को अधिक समय दिया जाता है।

4. थकावट का सिद्धान्त

थकावट का सिद्धान्त समय-विभाग-चक्र बनाने में बहुत प्रभाव डालता है। कुछ विषय ऐसे होते हैं जिनके पढ़ने में छात्रों को बहुत थकावट आती है तथा कुछ ऐसे विषय होते हैं जिनके पढ़ने में छात्रों को कोई थकान नहीं मालूम पड़ती अथवा कम थकान मालूम पड़ती है।

विद्यालय में पहला घंटा अधिक थकान वाला नहीं माना गया है। धीरे-धीरे छात्रों के मन एकाग्र होते हैं। दूसरे घंटे के आरम्भ तक उनकी रुचियाँ अथवा शक्तियाँ सजग हो जाती हैं। इसके पश्चात् समय व्यतीत होने पर धीरे-धीरे थकावट आने लग जाती है। चौथे घंटे में छात्र थक जाते हैं और अवकाश चाहते हैं। आधी छुट्टी के बाद छात्रों में फिर स्फूर्ति व शौक उत्पन्न होता है। छठे घण्टे में छात्र अध्ययन के लिए पूर्ण रूप से तैयार हो जाते हैं। आठवें घण्टे में वे थकान का अनुभव करते हैं।

स्कूल का प्रातःकालीन भाग अर्थात् आधी छुट्टी से पहला भाग इस के दूसरे भाग से ज्यादा अच्छा होता है। पहले चार घण्टे अन्तिम चार घण्टों की अपेक्षा अच्छे माने जाते हैं। परन्तु चौथा घण्टा, छठे घण्टे से अच्छा नहीं समझा जाता, क्योंकि चौथे घण्टे में छात्र थकान अनुभव करते हैं तथा छठे घण्टे में स्फूर्ति। स्कूल का पहला घण्टा पाँचवें से, दूसरा छठे से, तीसरा सातवें से और चौथा घण्टे आठवें घण्टे से थकान की दृष्टि से अच्छा रहता है।

थकान के सिद्धान्त के अनुसार जो विषय बहुत कठिन अथवा थकान वाले हैं, वे दूसरे तथा तीसरे घण्टे में पढ़ाने चाहिए। इसी प्रकार छठा घण्टा भी थकान वाले विषयों के लिए अच्छा है। इन घण्टों में छात्रों के मन पढ़ाई की ओर अधिक

एकाग्रता के साथ लगते हैं। आठवाँ घण्टा बहुत थकान वाला घण्टा माना गया है। इसलिए इस घण्टे में सबसे हल्का विषय पढ़ाया जाना चाहिए।

थकावट का सिद्धान्त सप्ताह के दिनों में भी उसी प्रकार लागू होता है। मंगलवार तथा बुधावार पढ़ाई की दृष्टि से सप्ताह के बहुत अच्छे दिन माने गये हैं। सप्ताह का पहला दिन सोमवार इतना अच्छा नहीं माना गया है। इस दिन छात्रों में इतनी स्फूर्ति नहीं होती क्योंकि यह दिन छुट्‌टी के बाद आता है। शनिवार सप्ताह का पढ़ाई की दृष्टि से अन्तिम दिन होने के कारण थकान का दिन माना गया है। समय-विभाग-चक्र बनाते समय इस बात को ध्यान में रखना चाहिए।

थकान वाले विषयों का स्थान इस प्रकार है—गणित, अंग्रेजी, हिन्दी तथा संस्कृत, विज्ञान, भूगोल। विज्ञान की प्रयोगात्मक क्रियाएँ, ड्राइंग, हस्तकला, संगीत, काष्ठकला व खेतीबाड़ी भी ऐसे विषय हैं जिनमें थकान कम अनुभव होती है। अंग्रेजी तथा गणित के लिए दूसरा तथा तीसरा घंटा ठीक है। आठवें घंटे में ड्रिल, संगीत, ड्राइंग अथवा प्रयोगात्मक क्रियाएँ रखनी चाहिए।

छोटे बच्चे बड़ों की अपेक्षा जल्दी थक जाते हैं, इस कारण घण्टे की अवधि 30 मिनट से अधिक नहीं होनी चाहिए तथा बड़े बच्चों के लिए 40 मिनट से अधिक नहीं। गर्मियों के दिनों में घण्टों की संख्या तो बढ़ा देनी चाहिए, परन्तु अवधि कम करनी चाहिए।

5. विभिन्नता का सिद्धान्त

जहाँ तक सम्भव हो सके स्थान, विषय तथा अध्यापक की विभिन्नता होनी चाहिए। ऐसा करने से थकावट कम अनुभव होती है। थकावट तथा विभिन्नता के सिद्धान्त मिलते-जुलते ही हैं। काम में विभिन्नता भी आराम के तुल्य है। बच्चें को लगातार एक ही विषय उसी अध्यापक द्वारा पढ़ाने पर नीरस-सा अनुभव होने लगता है। विभिन्नता निम्नलिखित उपायों से आ सकती है:

(1) *लगातार पीरीयड न रखना*: कोई भी विषय (प्रैक्टिकल को छोड़कर) लगातार दो घण्टे नहीं पढ़ाना चाहिए।

(2) *विषयों में विभिन्नता*: विषयों में भी विभिन्नता आनी चाहिए। अंग्रेजी व्याकरण के पश्चात् के पश्चात् हिन्दी व्याकरण नहीं पढ़ाना चाहिए।

(3) *कक्षा तथा मुद्रा* (Pasture) *में परिवर्तन*: जहाँ तक हो सके एक कक्षा सारा दिन उसी कमरे में न बैठे।

(4) *अध्यापक का समय*: किसी कक्षा में एक ही अध्यापक के लगातार तीन घण्टे नहीं होने चाहिए।

(5) *विषयों के बीच अन्तराल (Interval)*: यदि सप्ताह में एक विषय के तीन घण्टे हैं तो वे लगातार तीन दिनों में ही नहीं आने चाहिए।

6. शिक्षकों के लिए खाली घण्टे

अध्यापकों के लिए खाली घण्टे अवश्य होने चाहिए। इससे उनकी कार्यक्षमता बढ़ती है। थकान कम होती है, साथ ही लिखित कार्य को जाँचने का अवसर प्राप्त होता है। औसत दो घण्टे प्रतिदिन खाली होने चाहिए। कई बार ऐसा भी देखने में आया है कि एक ही दिन किसी शिक्षक के बहुत से घण्टे खाली होते हैं और बाकी दिनों में उसको एक भी घण्टे का अवकाश नहीं मिलता। ऐसा करने पर शिक्षक को कोई विशेष लाभ नहीं पहुँचता। जहाँ तक हो सके, प्रधानाचार्य को चाहिए कि अध्यापकों को खाली घण्टे में ही अपने पास कार्यवश बुलाए।

7. खेल तथा मनोरंजन का सिद्धान्त

आराम तथा मनोरंजन का ध्यान रखना चाहिए। खेल का बच्चों के लिए बहुत ही महत्त्वपूर्ण स्थान है। आधी छुट्टी कम से कम आधे घण्टे की होनी चाहिए। इस समय बच्चे खुली वायु का सेवन करते हैं, एक-दूसरे से स्वतन्त्रतापूर्वक मिलते हैं, खेलते-कूदते तथा कुछ खाते-पीते हैं। इस प्रकार उनकी थकान दूर होती है। वे फिर से ताजगी अनुभव करते हैं तथा उनकी नीरसता समाप्त होती है।

सामान्य प्रकरणों पर रेडियो ब्राडकास्ट का प्रबन्ध यदि हो सके तो आधी छुट्टी के समय किया जाना चाहिए। इससे नीरसता समाप्त होती है, बच्चों का ज्ञान भी बढ़ता है और वे आनन्द का अनुभव करते हैं।

सहपाठीय कार्यक्रमों का उल्लेख भी समय-विभाग-चक्र में होना चाहिए।

8. न्याय का सिद्धान्त

शिक्षक वर्ग में जहाँ तक हो सके काम का ठीक बँटवारा होना चाहिए। यदि ऐसा नहीं है तो शिक्षकों में निराशा तथा निरुत्साह भर जाता है।

इसी प्रकार सारे कार्यों को उनके महत्त्व के अनुसार बाँटना चाहिए। ऐसा नहीं

होना चाहिए कि किसी कार्य को बहुत समय दे दिया जाए और किसी की अवहेलना की जाए।

9. विद्यालय का भवन तथा सामग्री

स्कूल के कमरे, अध्यापकों की संख्या, मेज-कुर्सियाँ, प्रयोगशाला आदि का समय-विभाग-चक्र पर विशेष प्रभाव पड़ता है। एक ही शिक्षक वाले स्कूल का टाइम टेबिल बिल्कुल भिन्न होगा। कमरों की कमी के कारण कई बार एक ही कमरे में दो कक्षाएँ लगती हैं। ऐसी अवस्था में टाइम टेबिल इस प्रकार से बनाया जाए कि जब एक कक्षा पढ़ने के कार्य में लगी हुई है तो दूसरी लिखने के। ऐसा करने से दोनों क्लासों की पढ़ाई सुचारू रूप से हो सकेगी।

10. लोच का सिद्धान्त

समय-विभाग-चक्र दृढ़ नहीं बनाया जाना चाहिए। लोचदार समय-विभाग-चक्र अच्छा रहता है। कई बार कुछ विशेष बच्चों की विशेष आवश्यकताएँ होती हैं, उन्हें पूरा करने के लिए परिवर्तन करना अनिवार्य हो जाता है। अध्यापक के तबादले के साथ समय-विभाग-चक्र में भी परिवर्तन करने पड़ते हैं। यह आवश्यक नहीं कि टाइम-टेबिल में विषय की अलग-अलग शाखाओं का भी वर्णन हो। यदि किसी कक्षा में अंग्रेजी के लिए 12 घण्टे प्रति सप्ताह नियत किए जाएँ तो व्याकरण, अनुवाद तथा निबन्ध के घण्टे अध्यापक पर ही छोड़ देने चाहिए। वही कक्षा के स्तर के अनुसार घण्टों का विभाजन करे।

इसी प्रकार स्कूल में कई बार किसी एक विषय का पढ़ाने वाला अध्यापक नहीं होता या कुछ समय के लिए स्कूल से किसी कारण अनुपस्थित हो जाता है और छात्रों की पढ़ाई उस विषय में नहीं हो पाती। अध्यापक के आने पर उस कमी को पूरा करने के लिए अधिक समय देने के लिए समय-विभाग-चक्र में परिवर्तन करना पड़ता है।

11. प्राप्त समय का सिद्धान्त

दिवसी स्कूलों (Day Schools) की समय-सारणी द्विपारी (Double Shift) स्कूलों की समय-सारणी से भिन्न होती है क्योंकि उनके लिए प्राप्त समय अधिक होता है।

12. स्थानीय स्थिति तथा जलवायु का सिद्धान्त

समय-सारणी बनाते समय स्थानीय जलवायु तथा समुदाय की भौतिक तथा सामाजिक स्थितियों को भी ध्यान में रखने की आवश्यकता है। सर्दियों का टाइम-टेबल गर्मियों के टाइम-टेबल से भिन्न होता है। इसी प्रकार पहाड़ी तथा ग्रामीण क्षेत्रों के लिए समय सारणी बनाते समय उनकी विशिष्ट स्थिति को ध्यान में रखा जाना चाहिए।

हमें सदा स्मरण रखना चाहिए कि समय-विभाग-चक्र एक यन्त्र है, न कि हमारा स्वामी; समय के अनुसार इसमें परिवर्तन होना चाहिए।

समय-विभाग-चक्र बनाने में कठिनाइयाँ
(DIFFICULTIES IN FRAMING TIME TABLE)

आदर्श समय-विभाग-चक्र बनाना अति कठिन है। इसके बनाने में अपूर्व दक्षता तथा योग्यता होनी चाहिए। टाइम-टेबल बनाना एक जटिल काम होता है। इसे बनाने में कभी भी जल्दबाजी नहीं करनी चाहिए। जहाँ तक हो सके, दोषों को दूर करने का यत्न करते रहना चाहिए और ऊपर बताए गए नियमों का पालन करना चाहिए।

कोई भी टाइम-टेबल प्रत्येक छात्र तथा शिक्षक को सन्तोष नहीं दे सकता। इसका कारण स्पष्ट है। कुछ छात्र बहुत शीघ्र थक जाते हैं और कुछ देर तक कार्य कर सकते हैं। कुछ छात्र एक ही विषय में रुचि रखकर बहुत देर तक पढ़ना चाहते हैं और कोई उस विषय को पढ़ने में जरा भी दिलचस्पी नहीं लेना चाहते। कक्षा में तेज व कमजोर दोनों प्रकार के बालक होते हैं।

जहाँ तक सम्भव हो सके, प्राय: समय-विभाग-चक्र ऐसा होना चाहिए जो छात्रों की मौलिक तथा रचनात्मक प्रवृत्तियों के विकास में सहायक सिद्ध हो।

सामान्यतया निम्नलिखित कठिनाइयाँ टाइम-टेबल बनाने में उपस्थित होती हैं:

1. कई स्कूलों में धनाभाव के कारण शिक्षकों की कमी होती है। इसलिए कई शिक्षकों को ऐसे विषय पढ़ाने के लिए दिए जाते हैं, जिनमें उनका प्रयाप्त ज्ञान नहीं होता है।
2. प्राइमरी स्तर पर कई बार एक अध्यापक को एक ही घण्टे में दो कक्षाएँ पढ़ानी पड़ती हैं, अत: सारे सिद्धान्त धरे के धरे रह जाते हैं।

3. अंशकालिक अध्यापकों की नियुक्ति भी कई बार की जाती है, अतः वे अपने अवकाश के समय में ही स्कूल आ सकते हैं।
4. जब अध्यापक कम हों तो थकान आदि का विचार छोड़ना पड़ता है। प्रत्येक अध्यापक को अधिक घण्टे पढ़ाने के लिए दिए जाते हैं।
5. प्रायः कुछ अध्यापक दिन के दूसरे भाग में तथा कुछ अध्यापक दिन के पहले भाग में खाली पीरीयड चाहते हैं। प्रत्येक अध्यापक की इच्छा को पूरा करना कठिन हो जाता है।
6. मानव प्रकृति प्रायः दोषों को देखने की होती है अतः सभी अध्यापकों की सन्तुष्टि सम्भव नहीं हो पाती। समय सारणी कितने भी ध्यान से बनाई जाए, कुछ न कुछ कमियाँ रह ही जाती हैं।

समय सारणी बनाते समय आवश्यक जानकारी अथवा आंकड़े एकत्रित करना

(COLLECTION OF NECESSARY INFORMATION AND DATA WHILE FRAMING TIME-TABLE)

समय सारणी बनाते समय निम्न प्रकार की जानकारी तथा आंकड़ों की आवश्यकता पड़ती है:

1. स्कूल कार्यक्रमों के लिए उपलब्ध कुल समय।
2. कक्षा तथा अनुभागों की संख्या।
3. कमरों की संख्या तथा आकार।
4. अध्यापकों के नाम, पद, विषय तथा अन्य योग्यताएँ।
5. सप्ताह के कार्य दिवसों के लिए पीरियड।
6. अवकाश के दिन।
7. परीक्षा तथा टैस्टों का विवरण।
8. विभाग द्वारा निर्धारित नियम।
9. विद्यालय में उपलब्ध क्रीड़ाक्षेत्र।
10. विद्यालय पुस्तकालय में उपलब्ध सुविधाएँ।

मुख्याध्यापक तथा समय-सारणी

(THE HEADMASTER AND THE TIME-TABLE)

टाइम-टेबल मुख्याध्यापक की अनेक प्रकार से सहायता करता है:

1. स्वीकृत पाठ्यक्रम योजना के अनुसार नियत समय के अन्दर समाप्त होता है। प्रत्येक विषय को उसके महत्त्व के अनुसार तथा कठिनाई के अनुसार स्कूल में समय मिल जाता है।
2. मुख्याध्यापक लाभदायक पाठ्यान्तर विषयों के लिए भी समय-विभाग-चक्र में समय का प्रावधन करता है।
3. मुख्याध्यापक इसकी सहायता से शिक्षकों को उनकी योग्यता के अनुसार कक्षाएँ पढ़ाने के लिए देता है।
4. सभी छात्रों को कार्य में लगाए रखा जाता है।
5. छात्रों की शारीरिक तथा मानसिक स्थिति को ध्यान में रखकर कार्य का बँटवारा किया जाता है।
6. मुख्याध्यापक एक ही दृष्टि से जान सकता है कि स्कूल में किस कक्षा में किस समय, कौन-सा कार्य हो रहा है तथा कौन-सा शिक्षक कार्य कर रहा है। यदि वह देखता है कि किसी समय कोई कक्षा खाली है तो वह झट उस कक्षा का उचित प्रबन्ध करता है। जिस दिन कोई शिक्षक स्कूल में नहीं आता तो उसके घण्टे दूसरे शिक्षकों में बाँट दिए जाते हैं, अतः कोई भी कक्षा खाली नहीं रहती। शिक्षक तथा छात्र जानते हैं कि समय-विभाग-चक्र पर न चलने से प्रधानाध्यापक नाराज होंगे, इसलिए वे ठीक समय पर अपनी कक्षाओं में जाते हैं। कोई भी छात्र कक्षा से बाहर नहीं रह सकता। टाइम-टेबल सभी के सामने लक्ष्य निर्धारित करता है और शिक्षक तथा छात्र इन लक्ष्यों की प्राप्ति के लिए यत्न करते हैं। कार्य निश्चित होने पर वे सारा वर्ष व्यस्त रहते हैं।

समय-विभाग-चक्र का विरोध

(OPPOSITION TO TIME TABLE)

आजकल के शिक्षा तथा मनोविज्ञान के कुछ विशेषज्ञों का विचार है कि पाठ्यक्रम को विषयों का समूह न मानकर इसको कार्यों का समूह मानना चाहिए। उनका मत है कि बच्चे को समय-विभाग-चक्र के बन्धनों से मुक्त किया जाए।

उनके मत में स्कूल में ऐसे कार्य होने चाहिए, जिनके द्वारा बहुत से विषय पढ़ाए जा सकें।

ऐसे विशेषज्ञों के मतानुसार प्रत्येक छात्र बहुत-सी बातों में दूसरों से भिन्न हैं। हर एक छात्र की अपनी रुचियाँ तथा मन के झुकाव हैं। हर एक छात्र अपनी गति से कार्य करता है। यदि हर एक को अपने पर छोड़ दिया जाए तो प्रत्येक छात्र वह कार्य करता जाएगा जिसमें उसकी रुचि है। यदि रुचि है तो वह काम को लगन के साथ करेगा। इससे उसे आनन्द भी प्राप्त होगा। परन्तु यदि उसे बन्धन में बाँधकर काम करने के लिए दिया जाए तो वह ध्यान से काम नहीं कर पाएगा। मान लो काम में उसकी रुचि है तो घण्टा बज जाता है तो उसका सारा उत्साह मन्द पड़ जाता है। यदि उसकी उस कार्य में रुचि नहीं है तब तो उसे कक्षा में निरुत्साह से घण्टे में बैठना ही पड़ता है। यही कारण है कि सारे शिक्षाशास्त्री समय विभाग-चक्र को खत्म करना चाहते हैं। उनका विचार है कि सारे विद्यालय के लिए एक जैसा टाइम-टेबिल नहीं होना चाहिए। शिक्षा प्रत्येक छात्र की आवश्यकतानुसार होनी चाहिए। अतः शिक्षण पद्धति भी अलग-अलग होगी।

संक्षेप में निम्नलिखित आधार पर समय सारणी की आलोचना की जाती है:

1. व्यक्तिगत भिन्नता तथा आवश्यकता की अवहेलना की जाती है।
2. अध्यापकों की पहल शक्ति पर अनुचित प्रतिबन्ध लग जाता है।
3. कार्यक्रम में अत्यधिक कठोरता का तत्त्व हावी रहता है।
4. प्रयासों में पूर्ण ताल-मेल नहीं हो पाता।
5. पाठ्य-सहायक कार्यक्रमों के लिए बहुत कम स्थान मिल पाता है।
6. अध्यापकों को छात्रों के मार्गदर्शन तथा परामर्श का समय नहीं मिल पाता।
7. कठोर समय सारणी अनेक प्रकार की समायोजन सम्बन्धी समस्याएँ उत्पन्न करती है।

समय सारणी को लचीला बनाना
(MAKING TIME TABLE FLEXIBLE)

डाल्टन प्लान: आधुनिक विचारधारा के अनुसार 'डाल्टन प्लान' तथा प्रोजेक्ट मैथड का प्रयोग स्कूलों में होना चाहिए। 'Contract' तो Dalton Plan की एक

विशेषता है। कक्षा संगठन के रूप में तो रहती है, परन्तु शिक्षण रूप में समाप्त हो जाती है। इस पद्धति के अनुसार बच्चा किसी विशेष कार्य को विशेष समय में करने का संकल्प लेता है और अपनी गति के अनुसार कार्य करता है। ऐसी पद्धति में सम्मिलित समय-विभाग-चक्र नहीं होता। इस अवधि में छात्र अपनी सुविधा तथा रुचि के अनुसार जिस विषय को पढ़ना चाहे, पढ़ता है। उस पर केवल एक बन्धन है कि वह निश्चित कार्य को निश्चित समय, जो प्रायः 15 दिन का होता है, में पूरा करे। इस प्रकार छात्र अपनी गति के अनुसार कार्य करता है।

प्रगतिशील विद्यालयों में निम्नलिखित कार्य सम्बन्धी विशेषताएँ हैं:

1. पढ़ाने की सामग्री बच्चों की रुचि तथा आवश्यकतानुसार होती है।
2. क्रियात्मक तथा रचनात्मक कामों के लिए लम्बे घण्टों का प्रबन्ध किया जाता है।
3. कुछ ऐसे 'Unassigned' घण्टे होते हैं जिनमें बच्चे जो कार्य करना चाहें, करें।
4. शिक्षक स्थिति के अनुसार दैनिक कार्य में परिवर्तन लाने में स्वतन्त्र है।
5. पीरियड की अवधि विभिन्न स्तरों पर छात्रों की आयु के अनुसार होती हैं।
6. अध्यापकों को अपने विषय के प्रकरणों सम्बन्धी छूट दी जाती है। उदाहरणार्थ भाषा अध्यापकों पर छोड़ दिया जाता है कि वे किस समय व्याकरण अथवा निबन्ध का कार्य करेंगे।

एक अध्यापक वाले स्कूल में समय सारणी
(TIME TABLE IN A SINGLE SHIFT SCHOOL)

एक अध्यापक वाले स्कूल की अपनी विशेष परिस्थितियाँ हैं। इनमें छात्रों की संख्या कम होती है परन्तु कक्षाएँ चार-पाँच। वैसे 'साक्षरता अभियान' के अन्तर्गत प्रयास किए जा रहे हैं कि प्रत्येक स्कूल में कम से कम दो अध्यापक अवश्य नियुक्त किए जाएँ।

एक अध्यापक स्कूलों में समय सारणी के सन्दर्भ में निम्नलिखित सुझाव सहायक सिद्ध हो सकते हैं। वैसे स्कूल में समय सारणी विशेष परिस्थिति को देखते हुए अध्यापक स्वयं बनाता है।

1. मॉनीटर प्रणाली का प्रयोग करना।

2. छात्रों द्वारा स्व–अध्ययन (Self-study) की व्यवस्था करना।
3. कुछ विषयों में सभी कक्षाओं की सामूहिक कक्षाओं का प्रावधान करना।
4. द्वि–पारी (Double Shift) की व्यवस्था करना।
5. छोटी कक्षाओं के लिए कम समय देना।

द्वि–पारी स्कूलों में समय सारणी
(TIME TABLE IN DOUBLE SHIFT SCHOOL)

बड़े–बड़े नगरों में छात्रों की बढ़ती संख्या तथा स्कूल भवनों के अभाव में द्वि–पारी व्यवस्था का प्रचलन किया गया है। द्वि–पारी में समय–सारणी बनाते समय दोनों पारियों के प्रधानाचार्यों तथा अध्यापकों में विशेष सहयोग तथा तालमेल की आवश्यकता है।

समय सारणी बनाने के सामान्य सिद्धान्त द्वि–पारी के स्कूलों पर भी मुख्यतः लागू होते हैं परन्तु इनमें अधिक लोचकता की गुंजाइश रहती है। इन स्कूलों में स्वच्छता सम्बन्धी उत्तरदायित्वों की समस्या विद्यमान रहती है। इन सभी समस्याओं का हल परिस्थिति के अनुसार दोनों पारियों के मुख्याध्यापक मिलकर निकालते हैं।

6

विद्यालय अभिलेख
(School Records)

विद्यालय अभिलेखों का अर्थ (MEANING OF SCHOOL RECORDS)

विद्यालय अभिलेखों से तात्पर्य विद्यालय की सभी सूचनाओं और तथ्यों को फाइलों तथा रजिस्टरों में रखने से है। इन अभिलेखों में विभिन्न विभागों तथा संस्थाओं में होने वाले पत्राचार की प्रतिलिपियाँ, मूल पत्र तथा रसीद आदि भी सम्मिलित हैं।

विद्यालय अभिलेखों की आवश्यकता तथा महत्त्व
(NEED AND IMPORTANCE OF SCHOOL RECORDS)

प्रत्येक संस्था कुछ नियमों के आधार पर चलाई जाती है। संस्था के कुशलतापूर्वक संचालन के लिए आवश्यक है कि नियमों का पालन किया जाए। नियमों का पालन करने के लिए अनेक रिकॉर्ड रखे जाते हैं। स्कूल रिकॉर्ड ठीक ढंग से रखे जाने चाहिए ताकि आवश्यकता पड़ने पर ये सुगमता से मिल सकें।

विद्यालय अभिलेखों का विभिन्न वर्गों के लिए महत्त्व तथा आवश्यकता:

1. छात्रों के लिए,
2. अध्यापकों के लिए,
3. प्रधानाचार्य के लिए,
4. अभिभावकों के लिए,
5. प्रबन्धक समिति के लिए,

6. शिक्षा विभाग के लिए,
7. अन्य विभिन्न विभागों के लिए,
8. शैक्षिक योजना बनाने वालों के लिए,
9. शैक्षिक अनुसंधानकर्त्ताओं के लिए,
10. समाज सुधारकों के लिए,
11. मिश्रित कामों के लिए

I. छात्रों के लिए अभिलेखों की आवश्यकता तथा महत्त्व

1. छात्रों को अपनी प्रगति का सही-सही ज्ञान हो जाता है।
2. छात्रों को अपनी योग्यतानुसार प्रगति करने के लिए प्रोत्साहन मिलता है।
3. उन्हें अपने विकास के लिए उचित मार्गदर्शन मिलता है। इससे विद्यालय से ठीक समायोजन में उन्हें सहायता मिलती है।

II. अध्यापकों के लिए अभिलेखों का महत्त्व तथा आवश्यकता

1. विद्यालय के अभिलेखों की सहायता से विद्यालय में प्रविष्ट होने वाले छात्रों की पृष्ठभूमि की जानकारी हो जाती है।
2. विद्यार्थी का पूर्ण इतिहास, पारिवारिक पृष्ठ-भूमि, शैक्षणिक योग्यता आदि का पता चल जाता है।
3. अध्यापकों को छात्र के व्यवहार, आदतों तथा चरित्र आदि का ज्ञान हो जाता है।
4. अध्यापक यह जान जाते हैं कि कौन-सा विद्यार्थी कौन-सा कार्य कर सकता है।
5. विद्यार्थियों में कार्य का बँटवारा करने में सहायता मिलती है।
6. छात्रों को विभिन्न अनुभागों में वर्गीकृत करने में सहायता मिलती है।
7. प्रत्येक छात्र की विद्यालय में नियमित उपस्थिति का पता चल जाता है।
8. प्रतिभाशाली, सामान्य, पिछेड़ एवं मानसिक रूप से पिछड़े विद्यार्थियों का ज्ञान हो जाता है।
9. विद्यार्थियों की योग्यता के आधार पर उनके उचित मार्गदर्शन एवं उनके विकास के लिए विशेष व्यवस्था करने में सहायता मिलती है।

10. विद्यालय के सभी कार्यों को ठीक समय पर आयोजित करने में सहायता मिलती है।
11. कार्यों के कुशल संचालन में सहायता मिलती है।

III. अभिभावकों के लिए अभिलेखों का महत्त्व और आवश्यकता

1. उन्हें अपने बच्चों की प्रगति के बारे में जानकारी मिलती है।
2. उन्हें विद्यालय की प्रगति के बारे में जानकारी मिलती है।
3. उन का विद्यालय से सम्पर्क बना रहता है।

IV. मुख्याध्यापक, प्रबन्धक समिति तथा शिक्षा-विभाग के लिए स्कूल अभिलेखों का महत्त्व तथा आवश्यकता

1. सभी अध्यापकों व विद्यार्थियों के कार्य की प्रगति एवं समस्याओं की जानकारी होती है।
2. समय, शक्ति व साधनों का सदुपयोग होने में सहायता मिलती है।
3. सभी प्रकार का लेखा-जोखा ठीक-ठीक रखा जाता है, किसी प्रकार की गड़बड़ी की सम्भावना नहीं रहती।
4. पिछली कमियों को दूर करके विद्यालय कार्य में सुधार लाने में सहायता मिलती है।
5. सभी प्रकार की सूचनाएँ आसानी से उपलब्ध हो जाती हैं।
6. विद्यालय के विकास की योजना बनाने में ये अभिलेख कई वर्गों की बहुत सहायता करते हैं।
7. पूर्व अध्यापकों या पूर्व विद्यार्थियों के बारे में किसी बात की जाँच-पड़ताल करने में इन्हीं अभिलेखों की सहायता लेनी पड़ती है।
8. अभिलेखों के आधार पर यह निश्चित किया जाता है कि विद्यालय में किसी प्रशासनिक या अन्य परिवर्तनों की आवश्यकता है या नहीं।
9. किसी भी विद्यार्थी के अभिभावक या अन्य किसी व्यक्ति से उस विद्यार्थी के सम्बन्ध में बातचीत करते समय अभिलेखों के द्वारा पूरी बात को स्पष्टता से रखा जा सकता है।
10. प्रत्येक वस्तु का लेखा-जोखा रखने से वस्तुएँ सुरक्षित रहती हैं।

11. स्कूल की वित्तीय स्थिति का ज्ञान होता रहता है।
12. यह ज्ञान होता रहता है कि विद्यालय के विभिन्न कोषों व फण्ड का सही उपयोग हो रहा है या नहीं।
13. सभी प्रकार की रिपोर्टें ठीक प्रकार से तैयार करने में सहायता मिलती है।
14. शैक्षिक अनुसन्धान के लिए सूचनाएँ देने में सहायता मिलती है।
15. स्थानीय तथा राजकीय अधिकारियों को आवश्यक सूचनाएँ देने में सहायता मिलती है।
16. विद्यालय की प्रगति का तुलनात्मक मूल्यांकन करने में सहायता मिलती है।

अभिलिखित सूचना का उपयोगः दीर्घकालिक तथा अल्पकालिक
(USE OF RECORDED INFORMATION: LONG-TERM AND IMMEDIATE)

विद्यालय में एकत्रित सूचना के दीर्घकालीन उपयोग

1. दीर्घकालीन राष्ट्रीय तथा राज्यीय योजना बनाने के लिए।
2. सरकारी जाँच-पड़ताल से सम्बन्धित पत्रों का उत्तर देने के लिए।
3. स्कूल के कार्यक्रमों की सफलता की जाँच करने के लिए।
4. वित्तीय आवश्यकताओं की पूर्ति के लिए।
5. किसी प्रकार की कानूनी समस्या आने पर।
6. संसद तथा विधानसभा में पूछे जाने वाले प्रश्नों के उत्तर देने के लिए।
7. शैक्षिक अनुसंधानकर्त्ताओं को आवश्यक सूचनाएँ प्रदान करने के लिए।
8. पूर्व छात्रों द्वारा माँगे जाने वाले प्रमाण-पत्रों के लिए।
9. जन्म-तिथि के प्रमाण-पत्र के लिए।
10. सेवानिवृत्ति के पश्चात् पेन्शन सम्बन्धी कामों के लिए।

एकत्रित सूचना के अल्पकालीन उपयोग

1. छात्रों की नियमित उपस्थिति जानने के लिए।
2. छात्रों की सतत् प्रगति की जानकारी के लिए।

3. पारितोषिक देने के लिए।
4. गृहकार्य की जाँच के लिए।
5. विद्यालय में नए छात्रों की पिछली जानकारी प्राप्त करने के लिए।
6. छात्रों का विभिन्न सेक्शनों में वर्गीकरण करने के लिए।
7. छात्रों को स्वयं की प्रगति के बारे में जानकारी के लिए।
8. कार्यों के कुशल संचालन में।
9. स्कूल की संस्थागत योजना बनाने के लिए।
10. सभी को विद्यालय की प्रगति तथा समस्याओं की जानकारी के लिए।
11. सभी प्रकार का लेखा-जोखा ठीक-ठीक रखने के लिए।
12. किसी भी प्रकार की सूचना आसानी से उपलब्ध होने के लिए।
13. अध्यापकों की उपस्थिति की जानकारी रखने के लिए।
14. अध्यापकों को विभिन्न प्रकार के अवकाश देने के लिए।
15. दैनिक आय-व्यय का हिसाब-किताब ठीक-ठीक रखने के लिए।
16. विद्यालय की प्रगति का तुलनात्मक मूल्यांकन करने के लिए।
17. प्रत्येक सामग्री का पूरा-पूरा लेखा-जोखा रखने के लिए।
18. विद्यालयों के विभिन्न कोषों व निधियों का सही-सही उपयोग करने के लिए तथा जाँचने के लिए।
19. पूर्व अध्यापकों अथवा विद्यार्थियों के बारे में किसी बात की जानकारी देने के लिए।
20. छात्रों का व्यावसायिक तथा शैक्षिक मार्गदर्शन के लिए।
21. प्रतिभाशाली तथा पिछड़े विद्यार्थियों की पहचान करके उनके लिए उचित मार्गदर्शन की व्यवस्था के लिए।
22. छात्रों को छात्रवृत्तियाँ देने के लिए।
23. छात्रों को निःशुल्क पुस्तकें, वर्दी आदि देने के लिए।

ऊपर दिए गए विवरणों से स्पष्ट हो जाता है कि संचित सूचनाएँ कई प्रकार से उपयोगी हैं। वास्तव में सूचनाओं के दीर्घकालीन उपयोगों तथा अल्पकालीन उपयोगों के मध्य कोई रेखा नहीं खींची जा सकती। अनेक प्रकार की सूचनाएँ जो अल्पकालीन उपयोग की होती हैं, कालान्तर में दीर्घकालीन उपयोग की बन जाती हैं, उदाहरणार्थ, छात्र की जन्म-तिथि प्रथम प्रवेश के समय चाहिए तथा दीर्घकालीन उपयोग के लिए भी।

विद्यालय अभिलेखों की व्यवस्था तथा रख-रखाव
(ORGANISATION AND MAINTENANCE OF SCHOOL RECORDS)

विद्यालय के अभिलेख तथा संचित सूचनाएँ तभी लाभदायक सिद्ध हो सकती हैं जब उन्हें बहुत सावधानी के साथ रखा जाए। इस सन्दर्भ में निम्नलिखित बातों पर ध्यान दिया जाना चाहिए:

1. *रजिस्टर के बाहरी पन्ने पर आवश्यक बातों का उल्लेख:* जब भी कोई नया रजिस्टर लगाना हो तो उसके बाहरी पृष्ठ पर निम्न बातें अवश्य लिखी होनी चाहिए:
   (i) विद्यालय का नाम,
   (ii) रजिस्टर का नाम,
   (iii) रजिस्टर का क्रमांक,
   (iv) रजिस्टर का भाग क्रम,
   (v) रजिस्टर में कुल पृष्ठों की संख्या,
   (vi) रजिस्टर के शुरू करने व बन्द करने की तिथि,
2. *पूर्ण सूचनाएँ:* सभी सूचनाएँ पूर्ण होनी चाहिए।
3. *विश्वसनीय सूचनाएँ:* विद्यालय अभिलेखों में जो सूचनाएँ अंकित हों, वे वैध, विश्वसनीय और सही होनी चाहिए।
4. *नियमित रूप:* सभी सूचनाएँ नियमित रूप से अंकित की जानी चाहिए।
5. *नियमित जाँच:* अभिलेखों की नियमित जाँच भी होनी चाहिए।
6. *तत्कालीन उल्लेख:* विभिन्न सूचनाओं को अभिलेखों में दर्ज करने में देरी नहीं करनी चाहिए।
7. *स्वच्छता:* विद्यालयों के अभिलेख और रजिस्टरों में साफ-साफ लिखा जाना चाहिए जिससे उसे पढ़ने में परेशानी न हो।
8. *लाल स्याही से त्रुटि सुधार:* अभिलेखों में लिखे हुए के ऊपर लिखना (Overwriting) नहीं चाहिए। यदि कोई त्रुटि हो और उसे ठीक करना हो तो लाल स्याही से शुद्धि करनी चाहिए। उस पर मुख्याध्यापक के हस्ताक्षर भी करा लेने चाहिएँ। किसी भी स्थिति में लिखे हुए को ब्लेड या चाकू से खरोंचना नहीं चाहिए।
9. *रिकॉर्ड रखने की व्यवस्था:* विभिन्न प्रकार के रिकॉर्ड एवं रजिस्टरों को रखने के लिए अलग-अलग अलमारियाँ होनी चाहिएँ।

10. *सुरक्षा:* सभी रिकार्ड व रजिस्टरों को अलमारियों में ताले में बन्द करके रखना चाहिए जिससे वे पूरी तरह से सुरक्षित रहें।
11. *विद्यालय से बाहर सामान्यत: रिकार्ड न ले जाना:* स्कूल के रिकार्ड को विद्यालय से बाहर ले जाने की अनुमति सक्षम अधिकारी से प्राप्त की जानी चाहिए।
12. *पृष्ठ न फाड़ना:* रजिस्टरों में से कोई भी पृष्ठ फाड़ना नहीं चाहिए।
13. *जिल्द:* सभी रजिस्टरों की अच्छी प्रकार से जिल्द बँधी होनी चाहिए।
14. *क्रमांक:* प्रत्येक रजिस्टर के पृष्ठों पर जिल्दसाज से क्रमांक लगाने की मशीन से क्रमांक लगवा लेने चाहिए या लाल स्याही से हर पृष्ठ पर क्रमांक डाल देने चाहिए।
15. *रजिस्टरों की सूची:* विद्यालय के सभी रजिस्टरों की एक सूची तैयार कर लेनी चाहिए। उस सूची में रजिस्टर का नाम, उसकी क्रम संख्या व उसके इंचार्ज का नाम लिखा होना चाहिए। यह सूची मुख्याध्यापक की मेज पर शीशे के नीचे अथवा इस प्रकार रखी जानी चाहिए जिससे किसी भी रजिस्टर को ढूँढ़ने में परेशानी न हो।
16. *पृष्ठ लेखन:* सभी फाइलों के प्रथम पृष्ठ पर रजिस्टर की भांति आवश्यक सूचनाएँ लिखी होनी चाहिए। फाइलों के अन्दर का प्रथम पृष्ठ खाली छोड़ देना चाहिए जिससे उस पर फाइल की विषय-वस्तु लिखी जा सके। फाइल के हर पृष्ठ पर भी नम्बर पड़े होने चाहिए।

अभिलेखों की विशेषताएँ (CHARACTERISTICS OF RECORDS)

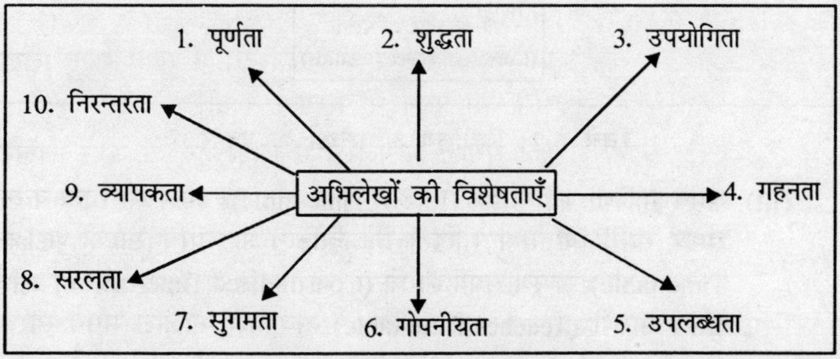

चित्र 6.1: अभिलेखों की विशेषताएँ

स्कूल अभिलेखों के प्रकार (TYPES OF SCHOOL RECORDS)

स्कूल का उद्देश्य छात्रों का सर्वांगीण विकास करना होता है। अतः स्कूल में छात्रों के विभिन्न पक्षों के विकास सम्बन्धी अभिलेख रखे रहते हैं।

स्कूल एक सामाजिक संस्था है तथा यह समाज के प्रति उत्तरदायी है। समाज की सन्तुष्टि के लिए निम्न प्रकार के अभिलेखों का स्कूल में रखना जरूरी हो जाता है। (चित्र 6.2)

I. शैक्षिक अभिलेख (Educational Records)

शैक्षिक अभिलेखों का सम्बन्ध छात्रों की शैक्षिक उपलब्धता से है। मुख्य अभिलेख इस प्रकार हैं:

(i) अध्यापकों का उपस्थिति रजिस्टर (Teachers' Attendance Register)

(ii) छात्रों की उपस्थिति के रजिस्टर (Students' Attendance Registers)

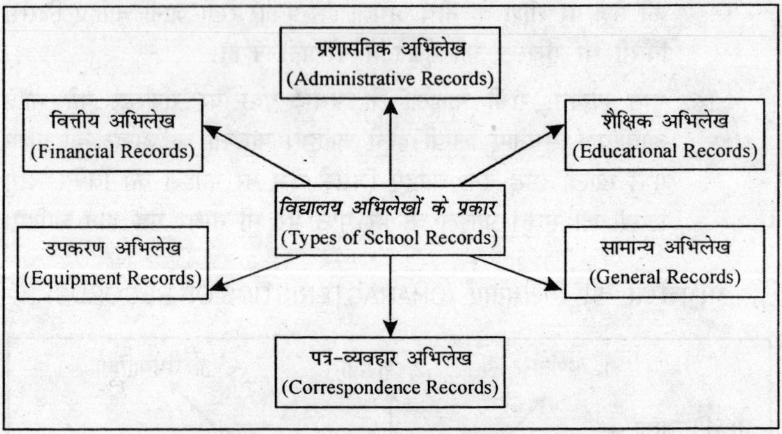

चित्र 6.2: विद्यालय अभिलेखों के प्रकार

(iii) समय सारिणी की फाइल (File of Time-table)। इसमें सभी प्रकार की समय सारिणियाँ संलग्न रहती है, जैसे: कक्षा समय सारणी (Class Time-table), सम्पूर्ण समय सारणी (Consolidated Time-table), शिक्षक समय सारणी (Teacher Time-table), अवकाश कालांश समय सारणी (Vacant Period Time-table) आदि।

(iv) विभिन्न मासिक व तिमाही सत्र में पाठ्यक्रम के विभाजन की फाइल (Termwise Syllabus File)

(v) छात्रों की प्रगति का रजिस्टर (Students' Progress Register)

(vi) गृहकार्य का रजिस्टर (Home-work Register)

(vii) अध्यापकों में कार्य वितरण की फाइल (Teachers' Work Distribution File)

(ix) दण्ड रजिस्टर (Punishment Register)

(x) मुख्याध्यापक का निरीक्षण रजिस्टर (Headmaster's Supervision Register)

(xi) परीक्षा रजिस्टर (Examination Register)

(xii) वार्षिक परीक्षा प्रमाण-पत्र रजिस्टर (Annual Examination Certificate Register)

(xiii) स्कूल बोर्ड परीक्षा प्रमाण-पत्र रजिस्टर (School Board Examination Register)

(xiv) संचित अभिलेख-पत्र रजिस्टर (Cumulative Record Register)

(xv) अंक तालिका रजिस्टर (Award Sheet Register)

(xvi) अध्यापकों की डायरियाँ (Teachers' Diaries)

II. प्रशासनिक अभिलेख (Administrative Records)

(i) शिक्षा विभाग के अधिकारियों के आदेशों का रजिस्टर (File of Orders and Circulars of Educational Officers of the Department of Education)

(ii) सामान्य आदेश पुस्तक (General Order Book)

(iii) अध्यापकों की व्यक्तिगत फाइलें (Teachers' Personnal Files)

(iv) अध्यापकों की ड्यूटी का रजिस्टर (Teachers' Duty Register)

(vi) स्टाफ के पतों का रजिस्टर (Staff Address Register)

(vii) विद्यालय सम्बन्धी आँकड़ों का रजिस्टर (School Data or Statistical Register)

(viii) मास्टर फाइल (Master File)

(viii) मुख्य अध्यापक आदेश/निर्देश रजिस्टर (Head's Order/Instruction Book)

(ix) छात्र प्रवेश रजिस्टर (Student's Admission Register)

(x) खारिज रजिस्टर (School Leaving Certificate Register)

(xi) विद्यालय डायरी/लॉग बुक (स्वह ठववा)

III. वित्तीय अभिलेख

(i) कैश बुक (Cash Book)

(ii) लैजर पुस्तिका (Ledger Book)

(iii) रसीदें एवं व्यय रजिस्टर (Receipts and Expenditure Register)

(iv) अध्यापकों का वेतन रजिस्टर (Teacher's Pay/Salary Register)

(v) भविष्य निधि खाता (Provident Fund Register)

(vi) शुल्क रजिस्टर (Fee Register)

(vii) जुर्माना रजिस्टर (Fine Register)

(viii) सभी कक्षाओं का संकलित शुल्क रजिस्टर (Consolidated Fee Register of All Classes)

(ix) दान अभिलेख (Donation Record)

(x) सहायक अनुदान रजिस्टर (Grant-in-aid Register)

(xi) विभागीय विकास ग्रान्ट रजिस्टर (Departmental Development Grants Register)

(xii) छात्र निधि रजिस्टर (Student's Fund Register)

(xiii) आकस्मिक व्यय आदेश पुस्तिका (Contingency Expenditure Order Book)

(xiv) आकस्मिक आदेश रजिस्टर (Contingency Order Book)

(xv) छात्र छात्रवृत्ति रजिस्टर (Student's Scholarship Register)

(xvi) बिल रजिस्टर (Bill Register)

IV. उपकरण अभिलेख (Equipment Record)

(i) विद्यालय सम्पत्ति रजिस्टर (School Property Register)

(ii) फर्नीचर स्टॉक रजिस्टर (Furniture Stock Register)

(iii) स्टेशनरी स्टॉक रजिस्टर (Stationary Stock Register)

(iv) खेल सम्पत्ति रजिस्टर (Games Stock/Property Register)

(v) पुस्तकालय सूची (Library Catalogue)

(vi) पुस्तक स्टॉक रजिस्टर (Library Stock/Accession Register)

(vii) पत्र-पत्रिकाओं का रजिस्टर (Newspapers and Magazines Register)

(viii) पुस्तकें देने का रजिस्टर (Books Issues Register)

(ix) शिल्प एवं कला स्टॉक रजिस्टर (Art and Craft Stock Register)

(x) विज्ञान प्रयोगशाला स्टॉक रजिस्टर (Science Laboratory Stock Register)

(xi) दृश्य सामग्री स्टॉक रजिस्टर (Audio-visual Aids Stock Register)

(xii) सामाजिक विषयों का स्टॉक रजिस्टर (Social Subject Stock Register)

(xiii) कृषि सम्बन्धी स्टॉक रजिस्टर (Agriculture Stock Register)

(xiv) कार्य अनुभव स्टॉक रजिस्टर (Work Experience Stock Register)

(xv) विद्यालय के चिकित्सालय का स्टॉक रजिस्टर (School's Hospital Stock Register)

(xvi) दवा देने का रजिस्टर (Medicine Issue Register)

(xvii) छात्रावास का स्टॉक रजिस्टर (Hostel Stock Register)

V. पत्र-व्यवहार सम्बन्धी अभिलेख (Correspondence Records)

(i) प्राप्ति रजिस्टर (Receipt Register),

(ii) पत्र भेजने का रजिस्टर (Despatch Register),

(iii) चपरासी पुस्तिका (Peon Book),

(iv) मीमो पुस्तिका (Memo Book),

(v) विद्यालय बोर्ड परिपत्र फाइल (School Board Circular File),

(vi) मिश्रिम पत्र-व्यवहार की फाइलें (Miscellaneous Correspondence Files)

VI. सामान्य रजिस्टर अभिलेख (General Records)

(i) सामान्य परिपत्र फाइल (General Circular File),

(ii) अतिथि पुस्तक (Visitor's Book),

(iii) स्कूल केलेण्डर (School Calender),

(iv) अभिभावक शिक्षक संघ रजिस्टर (Parent-Teacher Association Register),

(v) स्कूल वार्षिक दिवस फाइल (Annual Day Celebration File)

महत्त्वपूर्ण अभिलेखों का विवरण
(DESCRIPTION OF IMPORTANT RECORDS)

1. अध्यापक डायरी (Teacher's Diary)

अध्यापक डायरी का अर्थ: अध्यापक डायरी से तात्पर्य उस अभिलेख से है जिसमें एक अध्यापक वर्ष भर की गतिविधियों का लेखा-जोखा दैनिक आधार पर रखता है।

अध्यापक डायरी की विषय-वस्तु

अध्यापक डायरी में निम्न प्रकार का विवरण रहता है:

(i) वर्ष भर में विभिन्न कक्षाओं में पढ़ाए जाने वाली विषय-सामग्री का विवरण,

(ii) समय सारणी कक्षा अनुसार तथा विषयानुसार,

(iii) छात्रों के नाम तथा पते,

(iv) शिक्षण विधियों का उल्लेख,

(v) सम्पूर्ण गतिविधियों का विवरण,

(vi) विद्यार्थियों की शैक्षिक तथा अन्य प्रगति सम्बन्धी विवरण,

(vii) प्रतिभाशाली छात्रों की सूची,

(viii) समस्याजनक बालकों की सूची,

(ix) विशेष विवरण तथा उपलब्धियाँ,

(x) कमजोर छात्रों के नाम,

(xi) अभिभावकों से वार्तालाप का विवरण

अध्यापक डायरी का महत्त्व

(i) कार्य में नियोजन।

(ii) कार्य में सुव्यवस्था।

(iii) कार्य में रोचकता।

(iv) प्रतिदिन की तैयारी।

(v) पाठ्यक्रम को समयानुसार पूरा करना।

(vi) श्रव्य-दृश्य साधनों की तैयारी तथा उपयोग।

अध्यापक डायरी का सम्पूर्ण शैक्षिक शिक्षण-अधिगम प्रक्रिया में विशेष महत्त्व है। यह एक प्रकार से ऐसा 'शीशा' है जिसमें अध्यापक के कार्य का विवरण दिखाई देता है। इसकी विद्यालय तथा विद्यालय से बाहर अपने व्यवसाय से सम्बन्धित सभी गतिविधियों की झलक दिखाई देती है।

मुख्याध्यापक द्वारा समय-समय पर सामान्यत: साप्ताहिक आधार पर मुख्याध्यापक प्रत्येक अध्यापक की डायरी का निरीक्षण करता है। आवश्यकतानुसार मौखिक अथवा लिखित रूप से अध्यापक को सुझाव भी दिए जाते हैं तथा अच्छे कार्य की प्रशंसा। इसके माध्यम से मुख्याध्यापक को अध्यापक तथा छात्रों की कार्य-कुशलता का ज्ञान हो जाता है।

कुल मिलाकर यह कहा जा सकता है कि शिक्षण अधिगम कार्य की सुव्यवस्था तथा अध्यापकों की कार्य-कुशलता तथा दक्षता में वृद्धि करने के लिए अध्यापक डायरी एक महत्त्वपूर्ण साधन है।

2. छात्रों का विद्यालय में प्रवेश एवं छोड़ने का रजिस्टर (Admission and Withdrawal Register)

इस रजिस्टर में छात्रों के प्रवेश तथा छोड़ने का पूरा रिकार्ड रहता है। यह विद्यालय का स्थायी (Permanent) अभिलेख माना गया है। इसे मजबूत जिल्द बन्धवा कर सुरक्षित रखा जाता है।

जिस दिन छात्र विद्यालय में प्रवेश लेता है उस से प्रवेश-पत्र (Admission)

लिया जाता है। इस प्रवेश-पत्र को अभिभावक द्वारा भरा जाता है। प्रवेश-पत्र पर प्रवेश देने हेतु मुख्याध्यापक के हस्ताक्षर भी होते हैं। प्रवेश-पत्र में दी गई सूचनाओं को सम्बन्धित शिक्षक द्वारा चैक किया जाता है। प्रवेश-पत्र को उपयुक्त फाइल में लगा दिया जाता है। प्रवेश-पत्र में दिए गए तथ्यों के आधार पर छात्रों का विद्यालय में प्रवेश तथा छोड़ने का रजिस्टर तैयार किया जाता है।

इस रजिस्टर का विशेष महत्त्व इस कारण से है क्योंकि इस में छात्र की जन्मतिथि का उल्लेख रहता है। इस जन्मतिथि के रिकार्ड को साक्षी (Proof) के रूप में अदालतों तथा सार्वजनिक सेवा कमीशनों में मान्यता प्राप्त है। अतः इस के लिखने में अत्यन्त सावधानी की आवश्यकता होती है। इस रजिस्टर में किसी भी सूचना को मुख्याध्यापक की अनुमति के बिना बदला नहीं जा सकता। मुख्याध्यापक भी ठोस आधार पर इसमें परिवर्तन कर सकता है।

छात्र की जन्मतिथि अंकों तथा शब्दों में लिखी जाती चाहिए।

प्रवेश तथा खारिज रजिस्टर का नमूना

(SPECIMAN OF ADMISSION AND WITHDRAWAL REGISTER)

क्रमांक	प्रवेश संख्या	प्रवेश की तिथि	छात्र का नाम	छात्र की जन्मतिथि	पिता का नाम	पिता का व्यवसाय	स्थायी पता	जाति पिछड़ी जाति अनुसूचित जाति	कक्षा जिसमें प्रवेश हुआ	विद्यालय छोड़ने का कारण	किस कक्षा से नाम काटा गया	विद्यालय छोड़ने की तिथि	विशेष कथन	ह

3. विद्यालय छोड़ने सम्बन्धी प्रमाणपत्र फाइल (School Leaving Certificate File)

किसी कारणवश जब कोई छात्र विद्यालय छोड़ना चाहता है तो इसे विद्यालय छोड़ने सम्बन्धी प्रमाणपत्र की आवश्यकता होती है। कारण दूसरे विद्यालय में प्रवेश लेना, किसी संस्था में नौकरी करना आदि हो सकता है। सामान्यतः इसी प्रमाणपत्र के आधार पर दूसरे विद्यालय में प्रवेश मिलता है। इस प्रमाणपत्र सम्बन्धी विद्यालय में एक रजिस्टर अथवा फाइल बनाई जाती है। तथा छात्र को प्रमाणपत्र दिया जाता है। इसकी एक प्रति रजिस्टर में रखी जाती है। इस प्रमाणपत्र पर सम्बन्धित अध्यापक तथा मुख्याध्यापक के हस्ताक्षर होते हैं।

विद्यालय छोड़ने का प्रमाणपत्र (SCHOOL LEAVING CERTIFICATE)

विद्यालय का नाम .... फाइल संख्या ....

विद्यार्थी का नाम .... प्रवेश रजिस्टर क्रमांक ....

जन्मतिथि ....

प्रमाणित किया जाता है कि .... पुत्र/पुत्री .... ने इस विद्यालय में दिनांक .... को कक्षा .... में प्रवेश लिया था। छात्र ने विद्यालय की सारी राशि का भुगतान कर दिया है। छात्र ने यह विद्यालय दिनांक .... को छोड़ा।

इस विद्यार्थी के शैक्षिक स्तर का ब्यौरा इस प्रकार है:

इस विद्यालय में प्रवेश की तिथि	कक्षा, जिसमें प्रवेश किया	इस समय किस कक्षा में पढ़ रहा है	विद्यार्थी की कक्षा में पढ़ाई की स्थिति	विद्यार्थी की वर्तमान सत्र में हाजिरी का ब्यौरा	विद्यार्थी का पाठान्तर क्रियाओं में भाग लेने सम्बन्धी ब्यौरा

चरित्र सम्बन्धी या अन्य विवरण जो आवश्यक हों। ....

दिनांक: .... अध्यापक का हस्ताक्षर .... प्रधानाध्यापक..............

स्कूल की मोहर

4. छात्र उपस्थिति रजिस्टर (Students' Attendance Register)

प्रत्येक कक्षा के लिए एक उपस्थिति रजिस्टर होता है। उसमें उस कक्षा के सभी छात्रों के नाम लिखे होते हैं। उसमें प्रतिदिन सभी विद्यार्थियों की उपस्थिति या अनुपस्थिति का चिन्ह लगाया जा सकता है। इस रजिस्टर से यह पता लगता है कि बालक प्रतिमास कितने दिन स्कूल से अनुपस्थित रहता है।

छात्रों की हाजिरी दिन में दो बार लगाई जाती है। एक तो विद्यालय प्रारम्भ होते समय प्रात: काल और दूसरे आधी छुट्टी के बाद कक्षा प्रारम्भ होते समय। कई विद्यालयों में पूरी छुट्टी के ठीक पहले अन्तिम घण्टे में उपस्थिति लगाई जाती

है। इससे यह ज्ञात हो जाता है कि कोई विद्यार्थी बीच में विद्यालय से भाग तो नहीं गया। कई विद्यालयों में हर कालांश (Period) के आरम्भ में हर अध्यापक अपने-अपने कालांश में उपस्थिति लेता है।

इस रजिस्टर में निम्नलिखित बातों पर ध्यान दिया जाना चाहिए:

(i) कक्षा के सभी विद्यार्थियों के नाम तथा अनुक्रमांक (Roll No.) लिखे होने चाहिए। नाम यदि वर्णमाला के क्रमानुसार लिखे हों तो और भी अच्छा होता है।

(ii) कक्षा में छात्र के प्रवेश की तिथि लिखी होनी चाहिए।

(iii) उपस्थित विद्यार्थियों के नाम के आगे 'P', जो छुट्टी पर हो उनके नाम के आगे 'L', और जो अनुपस्थित हो उनके नाम के आगे 'A', लिखा जाना चाहिए।

(iv) विद्यार्थियों का प्रार्थना-पत्र मुख्याध्यापक द्वारा स्वीकृत होने पर ही 'L', लगाना चाहिए नहीं तो 'A' लगाना चाहिए।

(v) एक सप्ताह तक लगातार अनुपस्थित रहने वाले विद्यार्थी का नाम मुख्याध्यापक की अनुमति से काट देना चाहिए।

(vi) इसमें रविवार तथा अन्य छुट्टियों का स्पष्ट उल्लेख होना चाहिए।

(vii) इस रजिस्टर में छात्र से माह में ली गई फीस, जुर्माना, चंदा आदि का पूरा ब्यौरा दर्ज होना चाहिए।

(viii) छात्र की पूरे माह की उपस्थिति का जोड़ कर देना चाहिए।

(ix) पूरे माह के कार्य दिवस का विवरण होना चाहिए।

(x) माह के प्रारम्भ में तथा माह के अन्त में कक्षा में कुल विद्यार्थियों की संख्या भी अंकित होनी चाहिए।

(xi) प्रतिदिन की उपस्थिति का औसत भी देना चाहिए।

(xii) छात्रों से ली गई फीस कार्यालय में जमा कराने की तिथि भी लिखी जानी चाहिए। छात्र उपस्थिति रजिस्टर का नमूना दिया जा रहा है।

छात्र उपस्थिति रजिस्टर का नमूना
(SPECIMEN OF STUDENTS' ATTENDANCE REGISTER)

कक्षा .... सेक्शन .... माह .... वर्ष ....

			1		2		3		31					फीस (Fees)				जमा किए गए फण्ड (Other Funds)					बकाया रशि (Other Dues)	
क्रमांक (Sr. No.)	प्रवेश क्रम (Ad. No.)	छात्रों के नाम	पूर्वार्द्ध	उत्तरार्द्ध	पूर्वार्द्ध	उत्तरार्द्ध	पूर्वार्द्ध	उत्तरार्द्ध	पूर्वार्द्ध	उत्तरार्द्ध	इस माह की कुल उपस्थिति	पिछली उपस्थिति	कुल उपस्थिति	दाखिला फीस	ट्यूशन फीस	जुर्माना	कुल	एमलगमेटेड फण्ड	मेडीकल फण्ड	रेड क्रास	अन्य चन्दा	कुल (Total)	शुल्क (Fees)	फण्ड (Funds)

1. माह के शुरू में छात्रों की संख्या .... कुल जमा की गई राशि ....
2. माह के अन्त में छात्रों की संख्या .... कार्यालय में जमा कराई गई राशि ....
3. माह के कुल कार्य दिवस ....
4. माह में हाजिरी का दैनिक औसत .... तिथि एवं रसीद नं. ....

कक्षा अध्यापक के हस्ताक्षर	निरीक्षणकर्त्ता के हस्ताक्षर	मुख्याध्यापक के हस्ताक्षर
....	....	....

5. अध्यापक उपस्थिति रजिस्टर (Teachers' Attendance Register)

अध्यापक रजिस्टर में सभी अध्यापकों को प्रतिदिन विद्यालय में आने पर तथा जाने पर अपने हस्ताक्षर करने होते हैं। आने तथा जाने का समय भी लिखना होता है। यह रजिस्टर प्राय: मुख्याध्यापक के कमरे में उसकी मेज पर रखा रहता है। इस रजिस्टर के निरीक्षण से पता चल जाता है कि कौन-कौन से अध्यापक विद्यालय में उपस्थित हैं तथा कौन-कौन से नहीं। अध्यापकों के अनुपस्थित रहने पर उनका कार्य अन्य अध्यापकों में बाँट दिया जाता है।

अध्यापक उपस्थिति रजिस्टर (TEACHERS' ATTENDANCE REGISTER)

माह .... वर्ष ....

(1) (2) (3)

तिथि	अध्यापक का नाम पद				नाम पद				नाम पद			
	आने का समय	हस्ताक्षर	जाने का समय	हस्ताक्षर	आने का समय	हस्ताक्षर	जाने का समय	हस्ताक्षर	आने का समय	हस्ताक्षर	जाने का समय	हस्ताक्षर
1.												
2.												
3.												
4.												
5.												
6.												
30.												
31.												

छुट्टियों का विवरण

	1.				2.				3.			
	बीमारी (Sick)	आकस्मिक (Casual)	सुविधा छुट्टियाँ (Privilege)	कुल (Total)	बीमारी (Sick)	आकस्मिक (Casual)	सुविधा छुट्टियाँ (Priviledge)	कुल (Total)	बीमारी (Sick)	आकस्मिक (Casual)	सुविधा छुट्टियाँ (Privilege)	कुल (Total)
इस माह की छुट्टियाँ												
पिछली छुट्टियाँ												
कुल												
	मुख्याध्यापक के हस्ताक्षर						अध्यापक के हस्ताक्षर					

6. पुस्तकालय पुस्तक देने सम्बन्धी रजिस्टर (Library Book Issue Register)

समय-समय पर विद्यालय पुस्तकालय से विद्यार्थी पढ़ने हेतु पुस्तकें लेते हैं। इन पुस्तकों को पुस्तकालय अध्यक्ष अथवा अध्यापक इन्चार्ज रजिस्टर में दर्ज करके विद्यार्थियों को देता है। पुस्तकें देते समय निम्न प्रकार का ब्योरा रजिस्टर में रखा जाता है। पब्लिक स्कूलों में प्रायः प्रत्येक विद्यार्थी के लिए कार्ड भी बना दिया जाता है।

पुस्तकालय पुस्तक देने सम्बन्धी रजिस्टर का नमूना
(SPECIMEN OF LIBRARY BOOK ISSUE REGISTER)

विद्यालय का नाम (Name of the School)

1	2	3	4	5	6	7	8	9	10
क्रमांक	पुस्तक संख्या क्रमांक	लेखक का नाम	पुस्तक का नाम	लेने वाले का नाम	लेने वाले के हस्ताक्षर	लेने की तिथि	वापिस करने की तिथि	पुस्तकालय अध्यक्ष के हस्ताक्षर	विशेष कथन

7. उपभोज्य स्टॉक रजिस्टर (Consumable Register)

इस रजिस्टर में उन सभी चीजों का उल्लेख रहता है जो दिन-प्रति-दिन काम में लाई जाती हैं, जैसे चाक, डस्टर, स्याही, पैंसिल आदि। ये वस्तुएँ अस्थायी प्रकृति की होती हैं। इसमें निम्न प्रकार का ब्योरा रहता है:

(i) वस्तु खरीदने की तिथि,

(ii) वस्तु का नाम,

(iii) खरीदी गई वस्तु की संख्या अथवा मात्रा,

(iv) मूल्य,

(v) वस्तु की खरीद के बिल/रसीद का नम्बर,

(vi) फर्म का नाम जहाँ से वस्तु खरीदी गई,

(vii) वस्तु के खरीदने का आदेश देने वाले का नाम,

(viii) वस्तु किसे दी गई,

(ix) वस्तु जिसे दी गई उसका नाम।

समय-समय पर इस रजिस्टर की चैंकिंग किसी अन्य शिक्षक द्वारा की जाती है।

8. वेतन रजिस्टर (Salary Bill Register or Acquittance Roll)

इस रजिस्टर में विद्यालय के अध्यापकों तथा कर्मचारियों को प्रतिमास दिए जाने वाले वेतन का विवरण लिखा रहता है। इसमें मूल वेतन के साथ अन्य भत्तों का भी उल्लेख किया जाता है। विभिन्न प्रकार की कटौतियों जैसे भविष्य निधि कटौती, आयकर कटौती, किराए की कटौती, आदि का उल्लेख किया जाता है। प्रत्येक कर्मचारी को जब वेतन आदि दिया जाता है तो रजिस्टर पर उसके हस्ताक्षर करवा लिए जाते हैं। विद्यालय के निरीक्षण तथा आडिट के समय इस रजिस्टर की विशेष जाँच की जाती है।

9. नि:शुल्क यूनीफार्म रजिस्टर (Free Uniform Register)

निर्धन एवं जरूरतमन्द छात्रों के लिए मुफ्त यूनिफार्म वितरण करने का अनेक विद्यालयों में व्यवस्था रहती है। इसका उचित रिकार्ड निम्न प्रकार से रखना लाभप्रद रहता है:

(1) क्रमांक; (2) विद्यार्थी का नाम; (3) विद्यार्थी के पिता/संरक्षक का नाम; (4) कक्षा एवं अनुभाग; (5) उस आज्ञापत्र या प्रार्थनापत्र का क्रमांक एवं दिनांक जिसके आधीन उसे मुफ्त यूनीफार्म दी जा रही है (इस आज्ञापत्र को विशेष फाइल में सँभालकर रखा जाना चाहिए।); (6) यूनिफार्म के रूप में दी जाने वाली सामग्री या वस्त्रों का विवरण; (7) विद्यार्थी के हस्ताक्षर; (8) वितरित करने वाले अधिकारियों के हस्ताक्षर; (9) प्रधानाध्यापक के हस्ताक्षर।

10. कंटिनजैन्सी (अकस्मिकता) 0वितरण रजिस्टर (Contingency Distribution Register)

विद्यालय में कार्यालय तथा अनेक प्रकार की गतिविधियों के संचालन हेतु कई प्रकार की स्टेशनरी आदि की आवश्यकता पड़ती है। ऐसी बहुत-सी फुटकर चीजें होती हैं जिनकी दैनिक जरूरत पड़ती रहती है। जैसे: सफाई करने हेतु फिनाइल, फिनाइल की गोलियाँ, कीटाणुनाशक दवाइयाँ, बल्ब, चाक, डस्टर, टार्चसैल इत्यादि। इन वस्तुओं का भण्डार रजिस्टर में लेखा जोखा चढ़ाया जाता है। तथा उसमें से किस प्रकार खर्चा हुआ यह ठीक तरह रखने के लिए इसके वितरण सम्बन्धी रजिस्टर का रखा जाना भी लाभप्रद सिद्ध होता है। इस रजिस्टर में निम्न कॉलम इस प्रकार बनाए जा सकते हैं:

(1) क्रमांक; (2) दिनांक; (3) वस्तु का विवरण संख्या का तादात सहित; (4) दिए जाने वाले व्यक्ति का नाम एवं पद; (5) उसके हस्ताक्षर; (6) देनेवाले कर्मचारी के हस्ताक्षर; (7) प्रधानाध्यापक के हस्ताक्षर।

11. अभिभावक शिक्षक संघ अभिलेख (Parents Teachers Association Register)

प्राय: प्रत्येक विद्यालय में अभिभावक शिक्षक संघ को गठित किया जाता है। इस संघ की समय-समय पर बैठकें होती रहती हैं। इन बैठकों में लिए गए निर्णयों के अनुसार विद्यालय में अनेक प्रकार के कार्य किए जाते हैं। इन सब का विवरण रखना अत्यन्त आवश्यक है।

12. व्यय रजिस्टर (Expenditure Register)

व्यय रजिस्टर में विद्यालय में हर प्रकार का व्यय जो स्कूल के सम्बन्ध में किया जाता है, विवरण रहता है।

13. कैश बुक (Cash Book)

विद्यालय में जो भी धनराशि विभिन्न स्रोतों से प्राप्त होती है और जिन-जिन कार्यों में उसे खर्च किया जाता है, इसका समुचित लेखा जोखा रखना बहुत आवश्यक है। इस लेखे-जोखे को रखने वाले अभिलेख को कैश बुक कहा जाता है। मुख्याध्यापक को प्रतिदिन कैश बुक का निरीक्षण करना चाहिए कि सम्बन्धित कर्मचारी आय-व्यय का सम्पूर्ण लेखा जोखा ठीक से रख रहा है या नहीं। निरीक्षण करने के उपरान्त उसे अपने हस्ताक्षर भी करने चाहिए। प्रतिदिन के समस्त लेन-देन की प्रविष्टि इसमें शुद्धता व स्पष्टता से की जानी चाहिए। जैसे: छात्रों से लिया गया जुर्माना, फण्ड, दान, चन्दा, छात्रवृत्तियाँ, सहायक अनुदान आदि सभी आय के खाते में और कर्मचारियों का वेतन, भविष्यनिधि, उपकरणों को खरीदने का खर्च, स्टेशनरी का खर्च, बिजली, टेलीफोन का बिल, आदि की राशि व्यय के खाते में भरी जाती है।

कैश बुक लिखते समय निम्न बातों को भी ध्यान में रखना चाहिए:

1. कैश बुक में जो भी प्रविष्टि (Entry) की जाए वह अन्य रजिस्टरों से सम्बन्धित सभी प्रविष्टियों से मेल खानी चाहिए। जैसे: कैश बुक में

फीस की जो प्रविष्टि भरी जाएँ वह विद्यालय के शुल्क रजिस्टरों से मिलनी चाहिए। कैश बुक में बैंक में जमा जो रकम भरी जाए वह बैंक की पास बुक की प्रविष्टियों से मिलनी चाहिए।

2. प्रत्येक दिन का पिछला बकाया (Balance) आगे लेकर नए दिन का खाता शुरू किया जाना चाहिए।
3. आरम्भिक बकाया (Opening Balance) और अंतिम बकाया (Closing Balance) लाल स्याही से लिखा जाना चाहिए।
4. प्रत्येक दिन का अन्तिम बकाया सदा बचत (Plus) में ही होना चाहिए, कभी (Minus) में नहीं होना चाहिए।
5. मुख्याध्यापक को प्रतिदिन कैश बुक का निरीक्षण करके अपने हस्ताक्षर कर देने चाहिए।
6. प्रत्येक दिन का खाता शुरू करते समय उस दिन की तिथि डाल देनी चाहिए।
7. कैश बुक में प्रत्येक आय व व्यय के साथ उसका लैजर पृष्ठ भी डाल देना चाहिए।
8. आय के साथ उसकी रसीद का नम्बर तथा व्यय के साथ उसका वाउचर नं. (Voucher No.) भी डाल देना चाहिए। इससे सभी लेखा जोखा का आपस में मिलान करने में सहायता मिलती है।

14. सेवा पुस्तिका (Service Book)

विद्यालय के सभी अध्यापकों, क्लर्कों तथा चतुर्थ श्रेणी कर्मचारियों की सेवा का पूरा-पूरा रिकार्ड सर्विस बुक या सेवा पंजिका में अंकित किया जाता है। वह कर्मचारियों की उन्नति या किसी भी प्रकार की वेतन वृद्धि आदि का आधार रहता है। मुख्याध्यापक आश्वस्त करे कि सभी कर्मचारियों की सेवा पंजिका अत्यन्त सावधानी, सतर्कता एवं निष्पक्षता से पूरी होनी चाहिए। इसकी सभी प्रविष्टियाँ भरते समय शुद्धता पर पूरा ध्यान रखना चाहिए। इसकी प्रत्येक प्रविष्टि मुख्याध्यापक द्वारा प्रमाणित होनी चाहिए। इसमें कर्मचारियों की जन्मतिथि, शैक्षिक योग्यता, पहचान चिह्न, घर का स्थायी पता, नियुक्ति की तिथि, नियुक्ति की प्रक्रिया, वेतन, वेतन वृद्धि, कर्मचारियों का स्थायीकरण (Confirmation), उनके व्यवहार, कार्य का स्तर आदि सभी को लिपिबद्ध किया जाना चाहिए।

समय-समय पर कर्मचारी को दी गई उन्नति, कोई विशेष सुविधा, कोई विशेष विभाग या क्रिया का दायित्व आदि का इसमें उल्लेख होना चाहिए।

सरकारी विद्यालय होने की स्थिति में कर्मचारियों के स्थानान्तरण का भी उल्लेख इसी में किया जाता है।

किसी विशेष प्रकार के सवैतनिक या वेतनरहित दीर्घ अवकाश का विवरण भी इसमें दिया जाता है।

15. दोपहर भोजन रजिस्टर (Mid-day Meal Register)

शिक्षा के प्रसार के लिए भारत सरकार ने दोपहर भोजन की योजना 1995 में आरम्भ की। इस योजना के अन्तर्गत कक्षा प्राथमिक कक्षाओं में राजकीय, स्थानीय निकाय और सरकार से सहायता प्राप्त स्कूलों में पढ़ने वाले छात्रों को मुफ्त भोजन दिया जाता है।

दोपहर के भोजन का वितरण विद्यार्थियों में ठीक-प्रकार से हो, इसके लिए एक रजिस्टर रखने की व्यवस्था होती है। इस रजिस्टर में निम्न प्रकार का विवरण रखा जाता है:

विद्यालय का नाम दिनांक मास वर्ष

1. क्रम संख्या
2. विद्यार्थी का नाम
3. विद्यार्थी के पिता या संरक्षक का नाम
4. कक्षा तथा अनुभाग (Class and Section)
5. भोजन सामग्री का विवरण
6. विद्यार्थी के हस्ताक्षर
7. वितरण अधिकारी के हस्ताक्षर
8. चैक करने वाले के हस्ताक्षर
9. प्रधानाध्यापक के हस्ताक्षर।

संचित अभिलेख (CUMULATIVE RECORD)

विद्वानों ने संचित अभिलेख के अर्थ को निम्न प्रकार से दर्शाया है:

संचित अभिलेख का अर्थ (Cumulative Record)

1. *जोन्स (Jones)* ने संचित अभिलेख के अर्थ के बारे में इस प्रकार लिखा है: "संचित अभिलेख एक छात्र का स्थायी रिकॉर्ड है, जो विद्यालय द्वारा वर्तमान समय तक ठीक-ठीक रखा जाता है, यह उसका शैक्षिक इतिहास है, जिसमें उसकी विद्यालय-उपलब्धि, उपस्थिति, स्वास्थ्य, परीक्षण अंक और इसी प्रकार की अन्य सम्बन्धित सूचनाएँ होती हैं।

यह अभिलेख प्रत्येक छात्र के बारे में विभिन्न शिक्षकों द्वारा निरन्तर दी जाने वाली रिपोर्ट होने के कारण उसके शारीरिक, सामाजिक, मानसिक और संवेगात्मक विकास का वास्तविक ज्ञान प्रदान करने का एकाकी आधार है।"

2. *राइटस्टोन व अन्य (Wrightstone and Others)*: "संचित अभिलेख, छात्रों के निर्देशन के लिए आवश्यक सूचना को दर्ज करने, उसकी फाइल बनाने और उसका प्रयोग करने की एक विधि है। यह प्रत्येक छात्र के शैक्षिक, मानसिक, शारीरिक, सामाजिक तथा संवेगात्मक विकास की संक्षिप्त सूची है।

3. *डब्ल्यू. डी. एलिन (W.D. Allen)* ने संकलित आलेख-पत्र की इस प्रकार परिभाषा दी: "संकलित आलेख-पत्र में व्यक्तिगत छात्र के मूल्यांकन (Appraisal) से सम्बन्धित सूचनाओं का आलेख होता है। सामान्यतया ये सूचनाएँ एक पन्ने पर लिखकर एक स्थान पर ही रखी जाती हैं।"

4. *जेन वार्टर्स (Jane Warters)* के अनुसार: "परीक्षा, प्रश्नावली, अवलोकन, साक्षात्कार, व्यक्ति-वृत्त अध्ययन आदि विभिन्न विधियों के प्रयोग से प्राप्त छात्र से सम्बन्धित महत्त्वपूर्ण सूचनाएँ सारांश रूप में संकलित आलेख-पत्र में संग्रहीत करनी चाहिए।"

5. *मुरे थॉमस (Murray Thomas)* के अनुसार: "संकलित आलेख-पत्र में किसी छात्र के बारे में लम्बी अवधि में एकत्रित की गई सूचना होती है।"

संचित अभिलेख का महत्त्व तथा इसकी आवश्यकता (Need and Importance of Cumulative Record)

माध्यमिक शिक्षा आयोग (Secondary Education Commission, 1952-53)

ने संचित अभिलेख के महत्त्व के बारे में कहा है: "छात्रों के कार्यों का उचित मूल्यांकन बाह्य या विद्यालय की परीक्षाओं द्वारा सम्भव नहीं है। छात्र को भविष्य में नवीन विषय या व्यवसाय का चुनाव करने में सहायता देने के लिए उसके विकास का पूर्ण आलेख रखना चाहिए। विद्यालयों में रखे जाने वाले आलेख पत्र में छात्र द्वारा किए गए कार्यों का विवरण रखना चाहिए। इन आलेख-पत्रों में पढ़ाई में की गई प्रगति के अतिरिक्त व्यक्तित्व के गुण, सामाजिक समायोजन, रुचि तथा अभिवृत्ति तथा अन्य क्रियाओं का उल्लेख होता है। देश के सभी विद्यालयों में संकलित आलेख-पत्र रखना अनिवार्य होना चाहिए।"

जेन वार्टर्स ने संकलित आलेख-पत्र के उपयोग के सम्बन्ध में अपने विचार निम्न प्रकार से प्रकट किए हैं:

> "संकलित आलेख-पत्र छात्र के वर्तमान को समझने के लिए भूत की व्याख्या करके, व्यावहारिक कठिनाइयों तथा असफलताओं के कारणों से, उसकी क्षमताओं तथा कमियों को दर्शाकर, छात्र के अध्ययन में अध्यापक की सहायता करते हैं।"

शिक्षा आयोग, 1964-66 ने इसका महत्त्व इस प्रकार बताया है, "संचित अभिलेख का महत्त्वपूर्ण स्थान है क्योंकि इसके द्वारा प्रत्येक स्तर पर छात्र की वृद्धि एवं उसके विकास, उसकी शिक्षा-विषयक एवं भावनात्मक समस्याओं, उसकी समंजन कठिनाइयों का ज्ञान होता है तथा यह पता लगता है कि उनकी समस्याओं और कठिनाइयों का हल करने के लिए किन-किन दिशाओं में उपचारी कार्य किए जाएँ।

संचित अभिलेख के लाभ

1. छात्र को ठीक प्रकार से समझने में सहायक सिद्ध होता है।
2. छात्र के बारे में अधिक से अधिक जानकारी प्राप्त देता है।
3. छात्रों के शैक्षिक, व्यावसायिक तथा नैतिक निर्देशन में सहायक सिद्ध होता है।
4. शिक्षक इसकी सहायता से शीघ्र जान सकते हैं कि कौन-से छात्र धीमी गति से उन्नति कर रहे हैं।
5. दूसरे स्कूल से आए छात्रों के बारे में नए स्कूल के अध्यापकों तथा प्रधानाचार्य को छात्र की पृष्ठभूमि की सूचना मिलती है।

6. प्रतिभाशाली छात्रों के बारे में जानकारी प्राप्त होती है। 7. अभिभावकों से सम्पर्क में सहायता मिलती है।
8. नए अध्यापक के लिए सहायता मिलती है।
9. मूल्यांकन में सहायता मिलती है।
10. प्रमाणपत्र तैयार करने में यह रिकार्ड सहायता देता है।
11. शिक्षण विधियों तथा तकनीकों के सुधार में सहायता मिलती है।
12. नौकरी के प्रत्याशियों के बारे में नौकरी पर लगाने वालों को उनकी रुचियों तथा योग्यताओं आदि के बारे में जानकारी प्राप्त होती है।

अच्छे संचित अभिलेख की विशेषताएँ

1. यह पूर्ण होना चाहिए।
2. छात्र के बारे में नवीनतम सूचना होनी चाहिए।
3. यह विश्वसनीय होना चाहिए।
4. यह अध्यापकों के व्यक्तिगत दुराव से मुक्त होना चाहिए।
5. तथ्य ठीक होने चाहिए।
6. इसे सोच-विचार के पश्चात् भरना चाहिए।
7. इसे इस प्रकार रखा जाए कि आवश्यकता पड़ने पर इसका तुरन्त उपयोग किया जा सके।
8. यह छात्र को नहीं दिखाना चाहिए।
9. कक्षा-अध्यापक ही इसे भरें।
10. इसका आकार उचित होना चाहिए ताकि वह सुगमता से रखा जा सके।
11. छात्र के बारे में रिकॉर्ड की निरन्तरता हो।
12. रिकार्ड की गोपनीयता पर ध्यान दिया जाए।
13. रिकार्ड में स्थान के उपयोग में मितव्यता बरती जाए।
14. रिकार्ड वस्तुनिष्ठ हो।
15. समय-समय पर रिकार्ड की जांच की जाए।

संचित अभिलेख में तथ्य (Data to be Included in the Cumulative Record)

संचित अभिलेख में इस प्रकार के तथ्य होने चाहिए

1. छात्र का व्यक्तिगत परिचय विवरण,
2. परिवार अथवा कुटुम्ब का विवरण,
3. उपस्थिति विवरण,
4. शारीरिक विवरण,
5. मनोवैज्ञानिक विवरण,
6. शैक्षिक उपलब्धि विवरण,
7. सहपाठीय क्रियाओं सम्बन्धी विवरण,
8. छात्रों का उत्तरदायी कार्यों में स्थान,
9. व्यक्तित्व का विकास

I. *छात्र का व्यक्तिगत परिचय विवरण*

1. छात्र का नाम ....
2. पिता का नाम ....
3. पिता का व्यवसाय ....
4. संरक्षक का नाम (यदि पिता जीवित नहीं है) ....
5. पिता या संरक्षक का पता ....
6. जन्म-तिथि ....

II. *कुटुम्ब का विवरण*

1. घर की आर्थिक दशा ....
2. कुटुम्ब कैसा है (मिश्रित या एकाकी) ....
3. छात्र का कुटुम्ब में स्थान (इकलौता/सबसे बड़ा/सबसे छोटा आदि) ....
4. संरक्षक अथवा पिता की शिक्षा ....
5. अन्य कोई विशेष तथ्य ....

III. किन-किन विद्यालयों में शिक्षा पाई

शिक्षालय का नाम	मास तथा वर्ष जब प्रवेश लिया	श्रेणी का नाम जिसमें प्रवेश लिया	छोड़ने का मास तथा वर्ष	छोड़ने के कारण

IV. उपस्थिति

वर्ष	कुल उपस्थिति संख्या	छात्र की वास्तविक उपस्थिति	दीर्घ अनुपस्थिति के कारण

V. शारीरिक विवरण

वर्ष	ऊँचाई	वजन	विशेष बीमारी यदि है तो

VI. मनोवैज्ञानिक विवरण

20...		
20....		
20....		

VII. शैक्षिक योग्यता
वार्षिक तथा अन्य परीक्षाओं में प्राप्त अंक

विषय	कक्षा....	कक्षा....	कक्षा...
	20...	20...	20...
	अंक	अंक	अंक
1. मातृभाषा			
2. इतिहास/सामाजिक विज्ञान			
3. गणित			
4. विज्ञान/भौतिकशास्त्र			
5. रसायनशास्त्र			
6. ड्रांइग			
7. वाणिज्य			
8. अर्थशास्त्र			
9. अन्य			

VIII. *व्यक्तित्व का विकास*

लक्षण	कक्षा	कक्षा	कक्षा ....
	20	20	20 ....
ईमानदारी			
उत्तरदायित्व की भावना			
सहयोग की भावना			
सहानुभूति			
शिष्टता			
समय पर आना			
काम करने का ढंग			
नेतृत्व की भावना			
आत्मविश्वास			
पहल करने की शक्ति			

IX. *सहपाठीय क्रियाओं में छात्र का विकास*

क्रियाएँ	कक्षा...	कक्षा...	कक्षा...
	20...	20...	20...
1. खेल-कूद			
2. व्यक्तिगत सफाई			
3. साहित्यिक			
4. नाटक			
5. समाज-सेवा			
6. अन्य किसी कार्य में भाग			

X. *छात्र का उत्तरदायी कार्यों में स्थान*

वर्ष तथा कक्षा	छात्र सभा में	हाउस अथवा कक्षा में	स्काउटिंग के ग्रुप में	खेल-कूद में	सामाजिक सेवा में	अन्य किसी क्षेत्र में
20.......						
कक्षा........						
20.......						
कक्षा......						

मुख्याध्यापक द्वारा जाँच: प्रत्येक अध्यापक ने समय-समय पर इसमें विभिन्न स्तम्भों की पूर्ति की है अथवा नहीं, इस कार्य का निरीक्षण प्रधानाध्यापक त्रैमासिक रूप में करे।

संचित अभिलेख पत्रों की व्यवस्था तथा प्रयोग सम्बन्धी समस्याएँ (PROBLEMS RELATING TO THE MAINTENANCE AND USE OF CUMULATIVE RECORD CARDS)

(1)	(2)	(3)	(4)	(5)	(6)
अभिलेख कौन रखे– सम्बन्धित कक्षा अध्यापक	**सूचना कहाँ ली जाए–** सभी अध्यापकों से	**अभिलेख कहाँ रखे** जाएँ– मुख्याध्यापक के कमरे में	**अभिलेख कब भरे** जाएँ– समय-समय पर	**तथ्यों की जाँच पड़ताल कैसे की** जाए मुख्याध्यापक द्वारा	**अभिलेख का नमूना कैसा हो–** फोल्डर

संचित अभिलेख सम्बन्धी दिशा-निर्देश (General Guidelines Regarding Cumulative Record Card)

1. विद्यालय में जब छात्र प्रवेश करे, तभी से उसका अभिलेख तैयार करना शुरू कर दिया जाए।
2. अभिलेख छात्र की कक्षा में उन्नति के साथ-साथ चलना चाहिए।
3. कक्षा अध्यापक छात्रों के सम्पर्क में अधिक समय तक रहता है। अत: वह उनके बारे में अधिक जानकारी रखता है। वह अपने पास एक डायरी अथवा नोट-बुक रखे, जिसमें समय-समय पर छात्रों के अनुभवों के बारे में अपने विचार लिखे। आवश्यकतानुसार वह इनके आधार पर संचित अभिलेख में संक्षेप में टिप्पणी दे।
4. छात्रों के बारे में अपनी राय गहन सोच-विचार के पश्चात् संचित अभिलेख में लिखी जाए।
5. आवश्यकता अनुसार स्कूल समय सारणी में समय-समय पर संचित अभिलेख तैयार करने के लिए अध्यापकों को उचित अवसर प्रदान किए जाएँ।

7

नियोजन, परिवीक्षण, पर्यवेक्षण तथा आंकलन में मुख्याध्यापक की भूमिका

(Role of the Head in Planning, Monitoring, Supervision and Evaluation)

नियोजन का महत्व

(SIGNIFICANCE OF PLANNING)

सम्पूर्ण शैक्षिक प्रक्रिया में प्रत्येक स्कूल तथा शैक्षिक संस्था के लिए यह परम आवश्यक है कि कार्यों की इस प्रकार व्यवस्था की जाए कि सभी भौतिक तथा मानवीय साधनों का अधिकतम सदुपयोग किया जा सके। शैक्षिक नियोजन से सभी शैक्षिक गतिविधियों पर बारीकी से ध्यान दिया जा सकता है। साधनों के सन्तुलित समन्वय से कार्य-कुशलता तथा क्षमता में वृद्धि होती है। अपव्यय पर नियन्त्रण रखा जा सकता है। निर्धारित लक्ष्यों को सदा ध्यान में रखकर कार्य किया जा सकता है।

नियोजन प्रबन्धन का प्रथम कार्य है। इसके अन्तर्गत भविष्य में किए जाने वाले कार्यों के बारे में निर्णय लिए जाते हैं। अन्य सभी कार्य अर्थात् पर्यवेक्षण, निरीक्षण, परिवीक्षण तथा आंकलन (मूल्यांकन) आदि नियोजन का अनुकरण करते हैं। नियोजन अथवा योजना के अन्तर्गत केवल उद्देश्यों तथा लक्ष्यों का निर्धारण ही नहीं होता है अपितु उनकी प्राप्ति के लिए की जाने वाली क्रियाओं को भी सम्मिलित किया जाता है।

संक्षेप में नियोजन का निम्नलिखित है:

1. नियोजन से उद्देश्यों पर ध्यान केन्द्रित रहता है।
2. नियोजन भविष्य में जोखिम तथा अनिश्चितताओं को कम करता है।
3. नियोजन संसाधनों के उत्तम प्रयोग में सहायता करता है।
4. नियोजन समन्वय में सहायक है।
5. नियोजन नियन्त्रण में सहायता देता है।
6. नियोजन निर्णय क्षमता में सहायक होता है।
7. नियोजन सृजनशीलता तथा रचनात्मकता में सहायक है।

नियोजन का अर्थ (Meaning of Planning)

नियोजन के अर्थ को स्पष्ट करने के लिए इसकी निम्न परिभाषाएँ दी जा रही हैं:

1. *एम.ई. हार्ले* के अनुसार, ''नियोजन में पहले से यह निश्चय किया जाता है कि क्या करना है? इसका सम्बन्ध उद्देश्यों, नीतियों, प्रविधियों और क्रियाओं अथवा कार्यक्रमों के विकल्पों से होता है।''

2. बिली ई. गेज के शब्दों में, ''नियोजन प्राथमिक रूप से चयन करता है तथा नियोजन की समस्या उसी समय उत्पन्न होती है जबकि वैकल्पिक क्रियाओं के किए जाने का ज्ञान हो।''

3. *विलियम एच. न्यूमैन* का कहना है, ''सामान्यत: भविष्य में क्या करना है, उसे पहले से तय करना ही नियोजन कहलता है।''

4. *एच.एल. हैगमैन* के विचार में, ''नियोजन विकल्पों में चयन करता है। यात्रा करने से पूर्व मार्ग का चयन करता है। कार्य के सम्भावित या होने वाले परिणामों की कल्पना करता है।''

नियोजन की विशेषताएँ अथवा प्रकृति

(CHARACTERISTICS OF NATURE OF PLANNING)

1. नियोजन पूर्व अनुमान है।

2. नियोजन में सर्वश्रेष्ठ विकल्प निहित है।
3. नियोजन एक निरन्तर प्रक्रिया है।
4. नियोजन एक व्यापक प्रक्रिया है।
5. नियोजन प्रबन्धक का प्रथम सोपान है।
6. नियोजन में उद्देश्य निहित हैं।
7. नियोजन एक लोकशील प्रक्रिया है।
8. नियोजन एक मानसिक अभ्यास है।

नियोजन के महत्वपूर्ण घटक
(MAIN ELEMENTS OF PLANNING)

नियोजन के अर्थ को विस्तारपूर्वक जानने के लिए अंग्रेजी भाषा में Planning के एक-एक अक्षर से जुड़े अर्थ को नीचे दिया जा रहा है:

P – Stands for Purpose (उद्देश्य)

Stands for Policies (नीतियाँ)

Stands for Private and Public Participation (निजी तथा सरकार की भागीदारी)

Stands for Perspective Plan (दृश्यधार योजना)

L – Stands for Long and Short Term Plan (दीर्घकालीन तथा लघुकालीन नियोजन)

Legislation (कानून अथवा नियम) बनाना।

Liaism (समन्वय) स्थापित करना।

A – Stands for Administrative Structure (प्रबन्धात्मक ढाँचा)

Stands for Advisory Bodies (सलाहकार संस्थाएँ)

Stands for Appraisal (समीक्षा)

N – Stands for National Development (राष्ट्रीय विकास/शैक्षिक विकास)

Stands for National Income (राष्ट्रीय आय)

Stands for Needs (आवश्यकताएँ)

Stands for Numbers (आँकड़े)

चित्र 7.1: नियोजन प्रबन्धन का पहला कार्य है
(Planning is the First Function of Management)

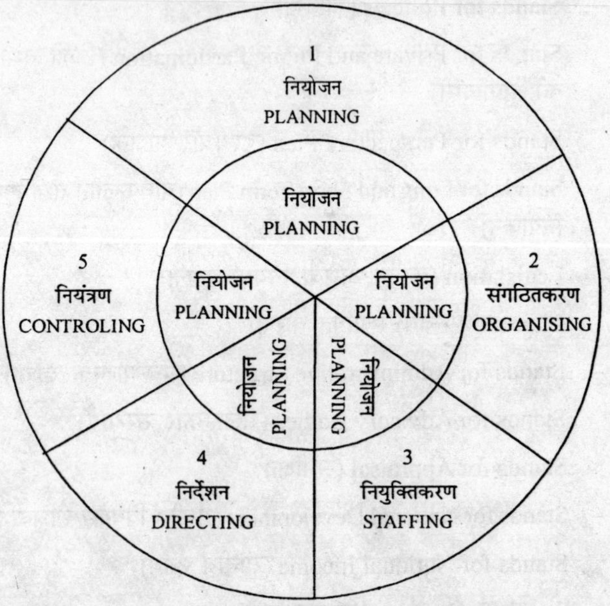

चित्र 7.2: नियोजन सभी प्रबन्धात्मक क्रियाओं में निहित है
(Planning Pervades all Managerial Activities)

I – Stands for Investment (निवेश)

Stands for Indigenous Resources (स्थानीय संसाधन)

N – Stands for New Priorities (नई माँगे)

Stands for Nomenclature of Structure (ढाँचे की आकृति)

G – Stands for Gross Domestic Product (समग्र घरेलू उत्पादन)

Stands for Gross National Product (समग्र राष्ट्रीय उत्पादन)

Stands for GNP per Capita Income (प्रति व्यक्ति समग्र आय)

शैक्षिक नियोजन के उद्देश्य
(OBJECTIVES OF EDUCATIONAL PLANNING)

1. शिक्षा के विकास हेतु एक निश्चित दिशा निर्धारित करना।
2. शिक्षा के विकास हेतु साधनों का जुटाना।
3. संविधान में लक्ष्यों की प्राप्ति हेतु शिक्षा का स्वरूप तथा योगदान निश्चित करना।
4. देश की आर्थिक, सांस्कृतिक, वैज्ञानिक एवं साहित्यिक प्रगति में शिक्षा की भूमिका तैयार करना तथा उसकी भूमिका को निभाने हेतु दिशा निर्धारित करना।
5. शिक्षा के विभिन्न पक्षों की योजनाएँ बनाना तथा व्यय का अनुमान लगाकर प्रावधान करना।
6. शैक्षिक प्रबन्ध में आवश्यक परिवर्तन लाकर निर्धारित शैक्षिक लक्ष्यों की प्राप्ति हेतु प्रयास करना।
7. शिक्षा के विकास के लिए मानवीय साधनों का उचित उपयोग करना।
8. उपलब्ध आर्थिक साधनों तथा सामग्री पर शिक्षा विकास हेतु प्रयोग करना तथा अपव्यय को रोकना।
9. शिक्षा के प्रत्येक स्तर में विकास हेतु सन्तुलन बनाये रखना।

प्रधानाचार्य के योजना सम्बन्धी उत्तरदायित्व
(RESPONSIBILITIES OF THE HEAD TOWARDS PLANNING)

विद्यालय को सुचारू तथा दक्षतापूर्वक चलाने के लिए निपुणतापूर्ण नियोजन का विशेष महत्व है। स्कूल सत्र के आरम्भ होने से पूर्व मुख्याध्यापक को सम्पूर्ण

वर्ष के कार्यों की नियोजना कर लेनी चाहिए। एक कार्यक्रम समय-सारणी बनाई जाए, उसे प्रकाशित करके छात्रों एवं अध्यापकों में वितरित कराया जाए। उसे तैयार करने हेतु अपने सहयोगियों, संरक्षकों एवं छात्रों से भी जहाँ आवश्यक हो, चर्चा कर लेनी चाहिए। योजना बनाने से विद्यालय के कार्यक्रम में नियमितता आयेंगी, परन्तु नवीन परिस्थिति के आने पर उसमें परिवर्तन किया जा सकता है।

प्रधानाचार्य की शैक्षिक योजना सम्बन्धी भूमिका तथा योगदान का संक्षिप्त विवरण नीचे दिया जा रहा है:

1. छात्रों के शैक्षिक स्तर को उत्त्कृष्ट बनाना।
2. स्कूल के सार्वजनिक परीक्षाफल को उत्कृष्ट बनाना।
3. वर्ष भर का शैक्षिक कार्यक्रम बनाना।
4. विभाग द्वारा निर्धारित पाठ्यक्रम को स्कूल में लागू करना।
5. विभाग द्वारा निर्धारित/अनुशंसात्मक पाठ्य-पुस्तकें लगाना।
6. अध्यापकों को उनकी योग्यतानुसार विषय तथा कक्षाएँ पढ़ाने के लिए देना।
7. स्कूल में पुस्तकालय तथा वाचनालय में उपयुक्त शिक्षण-अधिगम सामग्री की व्यवस्था करना।
8. स्कूल कार्यशाला तथा प्रयोगशाला आदि में उपयुक्त शिक्षण-सामग्री की व्यवस्था करना।
9. स्कूल में दृश्य-श्रव्य साधनों की व्यवस्था करना।
10. स्कूल में समय-समय पर ली जानेवाली परीक्षाओं का आयोजन करना।
11. अध्यापक डायरियों की व्यवस्था करना।
12. टेस्ट तथा परीक्षा सम्बन्धी अभिलेख रखने की व्यवस्था करना।
13. स्कूल में शैक्षिक-व्यावसायिक निर्देशन तथा परामर्श की व्यवस्था करना।
14. समय-समय पर सेवारत अध्यापकों के लिए सेमीनार तथा गोष्ठियों आदि का आयोजन करना।
15. मेधावी तथा कमजोर छात्रों के लिए विशेष शैक्षिक कार्यक्रमों की व्यवस्था करना।

16. विभिन्न शैक्षिक समितियों का गठन करना, जैसे–पाठ्यक्रम समिति, पाठ्य-पुस्तक समिति, पुस्तकालय समिति आदि।
17. पाठ्यक्रम से सम्बन्धित पाठ्यान्तर क्रियाओं का आयोजन करना।
18. अध्यापकों के शैक्षिक कार्य का निरीक्षण करना।
19. छात्रों के शैक्षिक अभिलेख तैयार करना।
20. प्रधानाध्यापक का स्वयं कक्षा शिक्षण कार्य में दक्ष होना।
21. नए शैक्षिक प्रयोग करना।

संस्थागत योजना तथा प्रधानाध्यापक
(INSTITUTIONAL PLANNING AND THE HEAD)

संस्थागत योजना का अर्थ (Meaning of Institutional Planning)

संस्थागत योजना एक विस्तृत बहुमुखी कार्य-योजना है जो संस्था की कमियों और खराबियों पर प्रहार करती है। यह एक ऐसा कार्यक्रम प्रस्तुत करती है जो वांछित शैक्षिक उपलब्धियों को प्राप्त करने के उपायों को ढूँढने में सहायता देती है। इस कार्यक्रम में संस्था के वे समस्त क्रियाकलाप शामिल हैं, जिनसे संस्था का सर्वांगीण विकास होता है। इस प्रकार की योजना को तैयार करने में प्रधानाध्यापक अपने सभी सहयोगियों की मदद लेता है, जिसे योजना का विस्तृत स्वरूप बन सके।

संस्थागत योजना का आधार है 'योजना किसी एक की नहीं, सभी की है', मानवी साधन भौतिक साधनों से बड़ा है, 'जो है उसका पूरा इस्तेमाल किया जाए, उन्नति की गुंजाइश हमेशा रहती है', 'किंचित्मात्र ही सही, कल को आज से आगे बढ़ना है'।

प्रो. एम.बी. बुच (*M.B. Buch*) ने संस्थागत नियोजन को इस प्रकार परिभाषित किया है—"संस्थागत योजना उन कार्यक्रमों का समुच्चय है जिनकों संस्था द्वारा अपनी अनुभूत आवश्यकताओं तथा निज के उपलब्ध एवं भविष्य में उपलब्ध संसाधनों के आधार पर तैयार किया जाता है। संस्था इन कार्यक्रमों का निर्धारण विद्यालय के स्तरों तथा व्यवहारो को उन्नत बनाने तथा संस्था के भावी विकास के सन्दर्भ में करती है।"

उपर्युक्त विवेचन से निम्नलिखित बातें स्पष्ट होती हैं:

1. संस्थागत योजना शिक्षा के व्यापक लक्ष्यों को पूरा करने का एक साधन है।
2. संस्थागत योजना के निर्माण के लिए, मानवीय तथा भौतिक संसाधनों का ज्ञान आवश्यक है।
3. उपलब्ध संसाधनों का, जो संस्था व समुदाय में उपलब्ध है, अधिकतम सीमा तक , प्रयोग हो।
4. यह योजना दीर्घकालिक भी हो सकती है और अल्पकालिक भी।

संस्थागत योजना क्यों? (Why Institutional Planning?)

देश में शिक्षा के क्षेत्र में संख्यात्मक अभिवृद्धि तो अवश्य हुई है परन्तु गुणात्मक वृद्धि में बहुत कमी रही है। इसका मूल कारण सम्भवत: संस्थागत योजना का अभाव रहा। सौभाग्यवश शिक्षा आयोग 1964-66 ने इसकी ओर ध्यान दिलाया है। शिक्षा आयोग ने शिक्षा के स्तर को उन्नत करने की दृष्टि से सुझाव दिया है कि देश में राष्ट्रव्यापी संस्था-उन्नयन कार्यक्रम अपनाया जाए और इसमें प्रत्येक शैक्षिक संस्था अपनी क्षमता और साधन-सुविधाओं के अनुकूल अपने कार्यक्रम को विकसित करे। शिक्षा आयोग का स्पष्ट मत है कि शिक्षा के स्तरों का विकास तभी सम्भव है जबकि देश के सभी स्कूल अथवा संस्थाएँ तथा उनमें कार्य करने वाले शिक्षक तथा अन्य कर्मचारी, उनमें पढ़ने वाले छात्र तथा स्थानीय समुदाय इस विकास कार्य में संलग्न हो जायें। इस प्रकार के कार्यक्रम को बनाने तथा चलाने के लिए किसी ठोस योजना की आवश्यकता होती है और उसी योजना को संस्थागत योजना कहा जाता है।

संस्थागत योजना के उद्देश्य (Objectives of Institutional Planning)

1. अध्यापक की पहल करने की शक्ति, स्वतन्त्रता तथा सृजनात्मकता को बढ़ावा देना तथा उनकी समस्त शक्तियों का अधिकतम लाभ उठाना।
2. स्थानीय समुदाय का विद्यालय-सुधार में अधिकतम भाग लेना।
3. भौतिक साधनों की अपेक्षा मानवीय साधनों पर अधिक बल देकर विद्यालय का सुधार करना।
4. समस्त स्कूल समुदाय को विद्यालय सुधार कार्य में जुटाना।

संस्थागत योजना का महत्व (Significance of Institutional Planning)

1. संस्थागत योजना संस्था द्वारा अनुभव की गई आवश्यकताओं पर आधारित है।
2. यह मानवीय साधनों के सर्वोत्तम उपयोग पर बल देती है।
3. यह अध्यापकों की पहलकदमी को प्रोत्साहित करती है।
4. यह विद्यालय में विद्यमान साधनों के अधिकतम उपयोग पर बल देती है।
5. अध्यापकों को कार्य करने में पर्याप्त स्वतन्त्रता प्रदान करती है।
6. यह शिक्षण अधिगम प्रक्रिया को प्रभावी बनाती है।
7. यह सहयोग की भावना का विकास करती है।
8. यह आत्म-निर्भरता का पाठ पढ़ाती है।
9. यह आत्म-विश्वास को बढ़ावा देती है।
10. यह शैक्षिक योजना के लिए उचित दिशा निर्देशन प्रदान करती है।
11. यह शैक्षिक योजना को लोकतंत्रात्मक बनाती है।
12. यह राष्ट्रीय विकास का आधार बनती है।

संस्थागत निष्पादनार्थ योजना के विभिन्न कार्यक्रम (Areas of Performance of Institutional Planning)

I. *शैक्षिक कार्य*

1. विद्यालय में अगति तथा व्यर्थता को रोकना।
2. शिक्षण प्रणालियों को सुधारना।
3. विकासरूद्ध छात्रों की सहायता करना।
4. योग्य छात्रों पर विशेष ध्यान देना।
5. पाठ्यचर्या को अधिक समृद्ध बनाना।
6. नई कार्य-पद्धतियों का परीक्षण करना।
7. स्कूल का शिक्षण कार्यक्रम चलाने के समुन्नत तरीके खोजना।

8. स्वाध्याय के कार्यक्रम के जरिये अध्यापकों की वृत्तिक कुशलता को बढ़ाना।
9. छात्रों की उपस्थिति बढ़ाना।
10. शैक्षिक एवं व्यावसायिक निर्देशन।

II. छात्र सेवाएँ

(i) पुस्तक बैंक, (ii) आर्थिक सहायता आदि।

III. पाठ्य सहगामी क्रियाएँ

(i) समुदाय सेवा, (ii) स्कूल सभा, (iii) स्व-शासन आदि।

IV. स्कूल भवन

(i) विस्तार कार्य, (ii) स्कूल को सुन्दर बनाना आदि।

V. छात्रों की भर्ती

विशेष अभियान।

VI. प्रशासनिक कार्य

कार्यालय व्यवस्था आदि।

अच्छी संस्थागत योजना की विशेषताएँ (Characteristics of a Good Institutional Planning)

1. योजना स्कूल की आवश्यकताओं को ध्यान में रखकर बनाई जानी चाहिए।
2. स्कूल योजना बनाते समय स्थानीय समुदाय, अध्यापक तथा छात्र वर्ग से भी विचार-विमर्श कर लेना चाहिए।
3. स्कूल योजना में स्थानीय समुदाय से उपलब्ध होने वाली सामग्री तथा सुविधाओं का समावेश किया जाना चाहिए।

4. योजना में उन प्रत्यनों का भी उल्लेख होना चाहिए जिनकी सहायता से स्थानीय समुदाय का सहयोग शाला-विकास कार्यक्रम के लिए प्राप्त किया जा सकता है।
5. स्कूल योजना बनाते समय इस तथ्य पर गम्भीरतापूर्वक विचार कर लेना चाहिए कि किस प्रकार शाला अपनी साधन-सुविधाओं एवं सामग्री का अधिकतम लाभ उठा सकती है।
6. एक सफल स्कूल-योजना की महत्वपूर्ण विशेषता यह है कि शिक्षक अपने सीमित साधनों द्वारा शिक्षा के स्तर और बालक के सर्वांगीण विकास कार्य को पूर्ण करते हैं।
7. स्कूल योजना बनाते समय उन प्रेरक तत्वों पर बल अधिक दिया जाये जिनसे अध्यापकों की शक्ति स्कूल-उन्नयन-कार्यक्रम में लग सके।
8. स्कूल योजना के लक्ष्यों को स्पष्ट कर दिया जाना चाहिए।
9. स्कूल योजना लोकतान्त्रिक पद्धति पर आधारित होनी चाहिए।
10. स्कूल योजना बनाते समग सभी गक्षों गए बुद्धिगत्ता से विचार किया जाना चाहिए।
11. शिक्षकों को अपने दैनिक कार्यक्रम में इतनी स्वतन्त्रता अवश्य मिले कि वे अपने शैक्षिक विचारों एवं अभिनव परिवर्तनों को एक मूर्त रूप दे सकें।
12. स्कूल योजना की सफलता के लिए आवश्यक है कि प्रशासन अथवा शिक्षा-विभाग रूढ़िगत स्कूल-निरीक्षण पद्धति में परिवर्तन लाये तथा शिक्षकों को प्रयोग करने के लिए प्रोत्साहित करे।
13. स्कूल के शिक्षकों का शीघ्र स्थानान्तरण न किया जाये ताकि वे कुछ समय एक ही स्कूल में रहकर उसके विकास-कार्य में योगदान दे सकें।
14. प्रत्येक विद्यालय की अपनी योजना हो। सभी संस्थाओं के लिए एक ही योजना नहीं बनाई जा सकती।
15. स्कूल योजना तीन अथवा पाँच वर्ष की होनी चाहिए। अधिक लम्बा समय भी रखा जा सकता है, परन्तु इससे कार्य में जड़ता उत्पन्न होने की सम्भावना रहती है।

16. इस तीन-वर्षीय योजना के कार्यक्रम को यथासम्भव तीन अलग-अलग वर्षों में विभाजित किया जाये और इसके आधार पर एकवर्षीय स्कूल-योजना तैयार कर ली जाए।
17. प्रत्येक वर्ष के अन्त में कार्य का सिंहावलोकन कर दिया जाये और अपूर्ण कार्य में अगले वर्ष की योजना में अनुभव के आधार पर संशोधन कर लिया जाए।

संस्थागत योजना की सफलता का मूल मन्त्र
(Key Elements of a Successful Institutional Planning)

इन बातों पर ध्यान देने की अत्यन्त आवश्यकता है:

1. हम कहाँ हैं?
2. हमें कहाँ जाना है?
3. किस रास्ते से?
4. किन साधनों द्वारा?
5. किन-किन की सहायता और सहयोग से?
6. इनमें कितना समय लगेगा?
7. कौन-कौन-सी बाधाएँ आ सकती हैं?
8. उनका निराकरण कैसे करेंगे?
9. अपनी उपलब्धियों की जाँच समय-समय पर कैसे करेंगे?

संस्थागत योजना बनाने के आधारभूत सिद्धान्त
(Basic Principles of Institutional Planning)

1. प्रत्येक स्कूल को अपनी जरूरत, अपने रहन-सहन, अपने तौर-तरीके के अनुसार ही अपनी योजना बनानी चाहिए और उसे कार्यान्वित करना चाहिए।
2. प्रत्येक अध्यापक में यह क्षमता है कि वह किसी भी परिस्थिति में हो, अपनी बुद्धि और कुशलता से साधनों का सृजन कर सकता है और अपनी परिस्थिति में किंचित् सुधार तो कर ही सकता है। फुई-फुई करके तालाब भरता है। इसी प्रकार किसी भी स्कूल की सृजन शक्ति का सामूहिक मान बहुत बड़ा हो सकता है।

3. प्रत्येक कार्यकर्त्ता के मस्तिष्क में किसी भी कार्य को करने की एक योजना बनती है। जितना ही वह कार्यकर्त्ता प्रतिभावान होता है, उतनी ही वह योजना स्पष्ट होती है। जितनी ही योजना स्पष्ट होती है, उतना ही प्रबल उसका बन्धन उस कार्यकर्त्ता पर होता है।
4. योजना का आधार स्थानीय सामग्री है।
5. मानव साधन भौतिक साधनों से बड़ा है।

संस्थागत योजनाएँ तैयार करना (Preparation of Institutional Plans)

शिक्षा आयोग, 1964-66 ने अनुभव किया कि, "हमारी योजना प्रणाली की एक बड़ी खामी यह है कि वह उच्चतम स्तर पर शुरू होती है और शायद ही कभी संस्थाओं के स्तर पर पहुँचती है। परिणामस्वरूप हमारे अधिकांश स्कूलों को राज्य या राष्ट्रीय स्तरों पर तैयार की गयी शैक्षिक विकास योजनाओं में कोई दिलचस्पी नहीं होती। अक्सर उन्हें इन योजनाओं और राज्य तथा केन्द्रीय स्तर पर बनायी गयी नीतियों तथा कार्यक्रमों की खबर तक नहीं होती। इस स्थिति को बदलना बहुत आवश्यक है। यह ठीक है कि निष्फल प्रयत्न से बचने के लिए यह आवश्यक है कि राज्य, जिला या ब्लॉक स्तर के अधिकारी इन योजनाओं की तैयारी के लिए एक मोटा खाका बनाकर संस्थाओं को दें। प्रत्येक स्कूल को अपने उपलब्ध साधनों से इष्टतम उपयोग और विकास की योजना तैयार करने का अवसर प्रदान करने में कोई कठिनाई नहीं होनी चाहिए।"

संस्थागत योजना में दो बातों पर विशेष बल

शिक्षा आयोग ने निम्नलिखित बातों पर विशेष बल दिया:

1. *भौतिक साधनों पर कम तथा सम्बन्धित व्यक्तियों पर अधिक जोर*

शिक्षा आयोग ने लिखा–"पहली बात तो यह है कि प्रत्येक शिक्षा-संस्था अपने वर्तमान साधनों से ही–वे कितने ही सीमित क्यों न हों–अधिक अच्छी योजना बनाकर और अधिक परिश्रम करके अपने शिक्षा-स्तर को सुधारने की दिशा में और बहुत कुछ कर सकती है। इसलिए हमारी राय में इस आन्दोलन में भौतिक साधनों पर उतना जोर नहीं दिया जाना चाहिए जितना सम्बन्धित

व्यक्तियों को इस बात के लिए प्रेरित करने पर कि वे शिक्षा के उन्नयन के लिए मिल-जुलकर अधिकाधिक प्रयत्न करें और इस प्रकार भौतिक साधनों की कमी को पूरा करें। ऐसे अनेक कार्यक्रम हैं जिनको शैक्षिक संस्था भौतिक साधनों की कमी के बावजूद मानव प्रयत्न के बल पर अपने हाथ में ले सकती है।"

2. *स्थानीय समुदाय का सहयोग*

दूसरी बात यह है कि स्कूलों में उपलब्ध सुविधाओं को स्थानीय समुदाय के सहयोग से बढ़ाने के लिए तीव्रता से प्रयास किया जाना चाहिए। इस दिशा में मद्रास राज्य में बहुत अच्छा काम हुआ है। वहाँ कुछ वर्षों तक स्कूल-सुधार सम्मेलनों का आयोजन किया गया है और स्कूल की सुविधाएँ बढ़ाने में स्थानीय समुदाय से बडे पैमाने पर सहायता प्राप्त की गयी है। देश के सभी भागों में प्राथमिक और माध्यमिक स्तरों पर ऐसे ही कार्यक्रम चलाये जाने चाहिए।

संस्थागत योजना निर्माण में पग (Step in Institutional Planning)

संस्थागत योजना बनाने में पहल का उत्तरदायित्व मुख्यत: प्रधानाध्यापक पर निर्भर है। योजना बनाने तथा इसके क्रियान्वयन के निम्नलिखित पग हैं:

पहला पग: अध्यापकों से अनौपचारिक विचार-विमर्श।

दूसरा पग: स्कूल की आवश्यकताओं का सर्वेक्षण।

तीसरा पग: स्कूल तथा स्थानीय साधनों का सर्वेक्षण तथा साधनों की उपलब्धता।

चौथा पग: स्कूल सुधार कार्यक्रम तैयार करना। अध्यापकों, छात्रों तथा समुदाय आदि से विचार-विमर्श।

पाँचवाँ पग: कार्यक्रम का क्रियान्वयन।

छठवाँ पग: कार्यक्रम का मूल्यांकन।

सातवाँ पग: मूल्यांकन के आधार पर कार्यक्रम में परिवर्तन।

संस्थागत योजना में प्रधानाचार्य, अध्यापक, छात्रों तथा समुदाय की भूमिका
(Role of the Headmaster, Teachers, Students and Community in Institutional Planning)

संस्थागत योजना में प्रधानाचार्य की भूमिका (Role of the Headmaster in Institutional Planning)

प्रधानाचार्य अपने स्कूल की कमजोरियों तथा अच्छाइयों का पूरा जायजा ले। अध्यापकों को विद्यालय-सुधार के लिए प्रेरित करे और स्कूल-सुधार की सुनियोजित योजना करे। उसके लिए आवश्यक है कि वह निम्नलिखित बातों पर विशेष बल दे:

1. सबसे पूर्व वह अपने सहयोगी अध्यापकों के साथ व्यक्तिगत परामर्श करे और फिर सामूहिक रूप से परामर्श करे। अध्यापक सभा में उस संस्थागत योजना की आवश्यकता, लाभ तथा कार्य-प्रणाली पर प्रकाश डाले। अध्यापकों द्वारा बताए गए सुझावों को ध्यान में रखे और उन पर उचित विचार करे।
2. स्कूल की आवश्यकताओं का सर्वेक्षण किया जाए/देखा जाए कि विद्यालय में किन-किन क्षेत्रों में सुधार होना चाहिए। अध्यापकों को इस प्रकार के सर्वेक्षण का कार्य बाँट दिया जाए ताकि वे भी अपने आपको उतना ही उत्तरदायी समझें।
3. स्कूल तथा स्थानीय साधनों का सर्वेक्षण किया जाए। विशेषकर यह देखा जाए कि स्कूल में कौन-कौन से साधन विद्यमान है।
4. स्कूल-सुधार कार्यक्रम तैयार किया जाए। अध्यापकों को प्रायोजनाएँ बनाने हेतु पर्याप्त मार्गदर्शक सामग्री उपलब्ध करायी जाए।
5. स्कूल-सुधार कार्यक्रम को दो भागों में बाँटा जाए, थोड़े समय के लिए तथा दीर्घकाल के लिए।
6. प्रत्येक अध्यापक को निश्चित कार्य दिया जाए।
7. स्कूल-सुधार कार्यक्रम के पूरा होने पर उसका उचित मूल्यांकन किया जाए।
8. प्रधानाचार्य प्रत्येक अध्यापक से एक जैसे फल की आशा न रखे। वह भली-भाँति समझ ले कि प्रत्येक अध्यापक की कार्य करने की क्षमता भिन्न होती है।

9. प्रधानाचार्य किसी अन्य स्कूल द्वारा बनाई गई स्कूल-सुधार योजना का अन्धाधुन्ध अनुकरण न करे। वह भली-भाँति समझ ले कि प्रत्येक स्कूल की अपनी स्थिति होती है।
10. प्रधानाचार्य समस्त स्कूल समुदाय को इस कार्य में सम्मिलित करने का प्रयास करे।
11. स्कूल स्तर के आरम्भ होने से पूर्व स्कूल-योजना तैयार कर ली जाए।
12. स्कूल-योजना बनाते समय प्रधानाचार्य विभागीय अधिकारियों से विचार-विमर्श करे ताकि योजना विभागीय योजना का अंग बन सके।
13. अध्यापकों को उचित मात्रा में स्वतन्त्रता प्रदान करे।

संस्थागत योजना में अध्यापक की भूमिका (Role of the Teacher in Institutional Planning)

संस्थागत योजना बनाने तथा कार्यरूप देने में अध्यापकों का विशेष स्थान है। अध्यापक ही इस ढाँचे के आधार-स्तम्भ हैं। उन्हें ही छात्रों तथा उनके अभिभावकों का सहयोग प्राप्त करना है और स्कूल-सुधार आन्दोलन में उन्हें प्रेरित करके उनकी समस्त शक्तियों का अधिकतम लाभ उठाना है। उन्हें स्कूल की समस्याओं पर व्यक्तिगत तथा सामूहिक रूप से चिन्तन करना है। वे स्कूल की तथा अपनी खामियां से भली-भाँति परिचित हैं। वे जानते हैं कि छात्रों की कमजोरियाँ कौन-सी हैं और उन्हें कैसे दूर किया जा सकता है। अध्यापकों को इस कार्य में उत्साह दिखाना चाहिए और मिल-जुलकर कार्य करना चाहिए। अपना दृष्टिकोण विशाल रखना चाहिए।

संस्थागत योजना में छात्रों का योगदान (Role of Students)

संस्थागत योजना के अन्तर्गत कई ऐसे कार्य भी हैं जिनमें छात्रों का सहयोग अत्यन्त वांछनीय है। वास्तव में यदि देखा जाए तो प्रत्येक कार्य में छात्र हाथ बँटा सकते हैं। अतः यह आवश्यक है कि छात्रों को स्कूल-सुधार आन्दोलन में प्रेरित किया जाए।

संस्थागत योजना में स्थानीय समुदाय की भूमिका (Role of the Community in Institutional Planning)

विद्यालय सुधार आन्दोलन में स्थानीय समुदाय अपना विशेष स्थान रखता है। विद्यालय में बहुत-सी सुविधाएँ स्थानीय समुदाय प्रदान कर सकता है।

जिला स्तर पर संस्थागत योजना (Institutional Plan at District Level)

विभिन्न स्कूलों से प्राप्त संस्थागत योजनाएँ जिला शिक्षा अधिकारी के सम्मुख उसके जिले की शिक्षा का स्वरूप चित्रित करेंगी। उसे पता चलेगा कि विभिन्न योजनाओं में कैसे समन्वय स्थापित किया जा सकता है। जिला शिक्षा अधिकारी इन योजनाओं को शिक्षा विभाग के सम्बन्धित अधिकारी के पास भेजेगा जिससे कि ये योजनाएँ राज्य तथा देश की योजनाओं का अभिन्न अंग बन जाएँ।

जिला शिक्षा अधिकारी की चाहिए कि वह प्रधानाचार्य तथा अध्यापकों का उचित मार्गदर्शन करे। मार्ग में आने वाली बाधाओं को दूर करने में स्कूलों की सहायता करे।

परिवीक्षण सम्बन्धी मुख्य अध्यापक के कार्य
(ROLE OF THE HEAD RELATING TO MONITORING)

परिवीक्षण शब्दावली का प्रयोग (Use of Terminology of Monitoring)

वर्तमान प्रबन्धात्मक क्रियाओं तथा योजनाओं में परिवीक्षण पर बहुत बल दिया जा रहा है। शैक्षिक साहित्य तथा शैक्षिक प्रबन्ध में परिवीक्षण शब्दावली का प्रयोग अपेक्षाकृत नया है। शैक्षिक प्रशासन तथा प्रबन्ध विषय पर वर्ष 1986 से पूर्व इस शब्दावली का प्रयोग बहुत कम मिलता है। राष्ट्रीय शिक्षा नीति 1986 तथा 1992 में इसे बहुत अधिक महत्व दिया गया है।

परिवीक्षण व्यवस्था का अर्थ (Meaning of Monitoring)

परिवीक्षण व्यवस्था से तात्पर्य है–कार्यक्रमों की गतिविधियों के साथ-साथ उनका अवलोकन करना तथा पाई गयी त्रुटियों में सुधार लाना। आन्तरिक परिवीक्षण की प्रक्रिया निरन्तर चलने वाली है। परिवीक्षण में आंकलन निदान की दृष्टि से किया जाता है। परिवीक्षण प्रक्रिया में स्कूल का मुख्याध्यापक अनेक समितियों का निर्माण करता है जिसके सदस्य शिक्षक होते हैं। कभी-कभी इस कार्य में स्कूल के छात्र प्रतिनिधि या मॉनीटर भी शामिल किये जाते हैं। आवश्यकता पड़ने पर अभिभावक शिक्षक संघ का सहयोग भी लिया जाता है। आन्तरिक परिवीक्षण में जवाबदेही (Accountability) को ध्यान में रखा जाता है।

परिवीक्षण का उद्देश्य

परिवीक्षण का मुख्य उद्देश्य कार्य में पारदर्शिता तथा तेजी लाना है। परिवीक्षण स्कूल का आन्तरिक मामला है जिसमें स्कूल के कार्यों का स्कूल द्वारा निरीक्षण किया जाता है। अनियमितताओं को जानकर उनमें सुधार लाया जाता है।

स्कूल के परिवीक्षण में मुख्याध्यापक की अहम् भूमिका है। परिवीक्षण में देखा जाता है कि स्कूल के सभी वर्ग अपना-अपना कार्य ठीक प्रकार से कर रहे हैं। यह आश्वासित किया जाता है कि सभी कार्य निर्धारित समय के भीतर किए जा रहे हैं।

परिवीक्षण के मुख्य लाभ (Merits of Monitoring)

1. परिवीक्षण से प्रबन्धन तथा संगठन प्रभावशाली बनता है।
2. परिवीक्षण से उत्तरदायित्व की भावना का विकास होता है।
3. परिवीक्षण से कार्यक्रम में दक्षता आती है।
4. परिवीक्षण से स्कूल में अनुशासन को बल मिलता है।
5. परिवीक्षण से सहयोग की भावना बढ़ती है।
6. परिवीक्षण से स्कूल के कार्यक्रमों का आंकलन (Evaluation) तथा निदान भी सतत् होता रहता है।
7. परिवीक्षण चूंकि निरन्तर चलने वाली प्रक्रिया है, इसलिए सभी अध्यापक तथा अन्य कर्मचारी सजग रहते हैं।
8. परिवीक्षण तकनीक में छात्र प्रतिनिधि स्कूल के कार्यों को अपना समझकर पूरा-पूरा सहयोग देते हैं तथा उनमें उत्तरदायित्व निभाने की भावना का विकास होता है।
9. परिवीक्षण में अभिभावकों को जब शामिल किया जाता है तो उनमें स्कूल के प्रति अपनेपन की भावना पनपती है।
10. परिवीक्षण से कार्यकर्त्ताओं में जवाबदेही बढ़ती है।

प्रधानाध्यापक का पर्यवेक्षण सम्बन्धी कार्य
(THE HEADMASTER AND HIS ROLE IN SUPERVISION)

पर्यवेक्षण का अर्थ (Meaning of Supervision)

पर्यवेक्षण के अर्थ पर विस्तारपूर्वक अलग से चर्चा की गई है। जहाँ पर इसका संक्षेप में अर्थ दिया गया है।

सुपर्विजन (*Supervision*) शब्द 'सुपर' (*Super*) तथा विजन (*Vision*)–दो शब्दों का जोड़ है। '*सुपर*' का अर्थ है '*उत्तम*' और '*विजन*' का अर्थ है–'दृष्टि'। इस प्रकार सुपरविजन का अर्थ हुआ 'उत्तम दृष्टि'। दूसरे शब्दों में यह आशा की जाती है कि पर्यवेक्षण द्वारा पर्यवेक्षक यह प्रयास करता है कि वह अपनी उत्तर दृष्टि से अधीनस्थ कर्मचारियों के कार्य में श्रेष्ठता का विकास हो।

डेविस के अनुसार, "पर्यवेक्षण यह सुनिश्चित करने की प्रक्रिया है कि कार्य योजनाओं तथा निर्देशों के अनुसार हो।

वाइटालस के विचार में, "पर्यवेक्षण से आशय कार्य के निष्पादन में अधीनस्थ व्यक्तियों का प्रत्यक्ष तथा तुरन्त मार्गदर्शन करने एवं नियंत्रण से है।"

पर्यवेक्षण की विशेषताएँ (Characteristics of Supervision)

पर्यवेक्षण की मुख्य विशेषताएँ निम्नलिखित हैं:

1. पर्यवेक्षण एक सार्वभौमिक (Universal) प्रक्रिया है। इसकी प्रबन्धन के सभी स्तरों पर आवश्यकता होती है।
2. पर्यवेक्षण एक सतत् (Continuous) प्रक्रिया है, क्योंकि संगठन में सुचारू कार्य के लिए इसकी हर समय आवश्यकता होती है।
3. पर्यवेक्षण प्रबन्धन के कार्य का एक अंग है।
4. पर्यवेक्षण द्वारा उच्चाधिकारी तथा अधीनस्थ के बीच प्रत्यक्ष (Direct) सम्पर्क होता है।
5. पर्यवेक्षण एक तकनीक है। इसके द्वारा अधीनस्थों को निर्देशन, नेतृत्व तथा अभिप्रेरणा प्राप्त की जाती है।

पर्यवेक्षण का महत्व (Significance of Supervision)

1. पर्यवेक्षण से कार्य को गति मिलती है।

2. पर्यवेक्षण नियन्त्रण में सहायक होता है।
3. पर्यवेक्षण संसाधनों के कुशलतम उपयोग को सुनिश्चित करता है।
4. पर्यवेक्षण प्रतिपुष्टि (Feed Back) में सहायता देता है।
5. पर्यवेक्षण अनुशासन बनाने में सहायता देता है।
6. पर्यवेक्षण सम्प्रेषण (Communication) में सहायक होता है।
7. पर्यवेक्षण अभिप्रेरणा (Motivation) में सहायक होता है।

प्रधानाध्यापक अध्यापकों के पर्यवेक्षण का कार्य दो प्रकार से करता है:

1. औपचारिक पर्यवेक्षण।
2. अनौपचारिक पर्यवेक्षण।

1. औपचारिक पर्यवेक्षण

प्रधानाध्यापक योजनाबद्ध पर्यवेक्षण करता है। प्रत्येक अध्यापक तथा प्रत्येक विषय तथा प्रत्येक कक्षा का पर्यवेक्षण करता है। पहले से ही कार्यक्रम बनाकर सम्बन्धित अध्यापकों को बता देता है कि वह कक्षा में जाकर कार्य देखेगा। वह कुछ समय कक्षा में जाकर अध्यापक के कार्य को देखता है। लिखित अथवा मौखिक रूप से अपने सुझाव देता है।

इसी प्रकार प्रोग्राम बनाकर छात्रों के लिखित कार्य का अपने कार्यालय में बैठकर निरीक्षण करता है तथा सम्बन्धित अध्यापक से चर्चा करता है। पर्यवेक्षण कार्य के लिए समय सारणी बनाता है।

2. अनौपचारिक पर्यवेक्षण

प्रधानाध्यापक बिना सूचित किये अध्यापकों के कक्षा-कार्य का तथा छात्रों द्वारा किये जा रहे कार्यों का पर्यवेक्षण करता है।

पर्यवेक्षक के रूप में प्रधानाचार्य के मुख्य कार्य (Main Functions of Headmaster as a Supervisor)

पर्यवेक्षक के रूप में उसके निम्न प्रमुख कार्य हैं:

1. अध्यापकों के कार्यों का निरीक्षण करके उन्हें समय-समय पर निर्देशन देना एवं प्रगति हेतु प्रेरित करना।

2. अध्यापकों द्वारा शिक्षण-कार्य में अपनाई जाने वाली विधियों, प्रविधियों, प्रवृत्तियों, शिक्षा-दर्शन एवं सहायक सामग्री का निरीक्षण करना।
3. स्कूल की सम्पूर्ण गतिविधियों एवं अंगों का निरीक्षण करके उनमें सुधार लाने का प्रयास करना।
4. स्कूल में गठित की जाने वाली पाठ्य-सहगामी क्रियाओं का निरीक्षण करना जिसके माध्यम से बालकों के व्यक्तित्व का सन्तुलित विकास होता है।
5. स्कूल के भौतिक तत्वों, खेल एवं शारीरिक क्रियाओं, स्कूल, सहकारी भण्डार, कैण्टीन आदि का निरीक्षण करते रहना।
6. स्कूल के पुस्तकालय, प्रयोगशालाओं, भवन, फर्नीचर आदि का निरीक्षण करते रहना।
7. स्कूल में सम्पन्न होने वाली विभिन्न परीक्षाओं तथा प्रश्न-पत्रों का निरीक्षण करते रहना चाहिए, जिससे पाठ्य-पुस्तकों तथा प्रश्न-पत्रों में साम्यता बनी रहे।
8. अध्यापकों को विभिन्न पाठ्य-पुस्तकों के चयन करने में परामर्श देना तथा पाठ्य-पुस्तकों को अध्ययन करके उपयोगिता की दृष्टि से निरीक्षण करना।
9. अभिभावकों से सम्पर्क बनाये रखना तथा ऐसी बातों का निरीक्षण करना जिनसे स्कूल और अभिभावकों के मध्य सुदृढ़ सम्बन्ध स्थापित हो सकें।
10. स्कूल के ऐसे तत्वों का निरीक्षण करते रहना एवं उन पर नियन्त्रण रखना जिनसे स्कूल को हानि होने की सम्भावना बनी रहती हो।
11. स्कूल में छात्रों की प्रवेश संख्या, शिक्षकों की संख्या तथा अन्य कर्मचारियों की संख्या में सन्तुलन बनाये रखने हेतु निरीक्षण करना।
12. छात्र-जीवन से सम्बन्धित स्कूल के आन्तरिक एवं बाह्य दोनों प्रकार की क्रियाओं का निरीक्षण करना।
13. कार्यालय के कार्यों का निरीक्षण समय-समय पर करते रहना।
14. स्कूल के विभिन्न रजिस्टरों की देख-रेख करते रहना तथा उन पर नियन्त्रण रखना।
15. छात्रावास का निरीक्षण करते रहना।

मोटे तौर पर प्रधानाचार्य के पर्यवेक्षण सम्बन्धी कार्य

(1)	(2)	(3)	(4)	(5)	(6)
अध्यापकों के कार्य का पर्यवेक्षण	छात्रों के कार्य का पर्यवेक्षण	अभिलेखों का पर्यवेक्षण	पाठान्तर क्रियाओं का पर्यवेक्षण	स्वच्छता सम्बन्ध पर्यवेक्षण	सामान्य पर्यवेक्षण

मुख्याध्यापक एवं अध्यापक वर्ग
(HEAD AND THE TEACHER)

विद्यालय का मान तथा स्तर मुख्याध्यापक एवं अध्यापकों के सहयोग पर निर्भर है। मुख्याध्यापक ही अध्यापकों का सहयोग प्राप्त करने के लिए अत्यधिक उत्तरदायी है। मुख्याध्यापक की योग्यता तथा दूरदर्शिता की परीक्षा तभी होती है जबकि वह अध्यापकों की विशेष योग्यता को परखकर विद्यालय के हित में जुटाता है। वास्तव में प्रधानाचार्य का कार्य अपने अध्यापकों के गुणों को मालूम करना है और उन्हें इस प्रकार कार्य देना है कि वे सरलता से काम करने के लिए तैयार हो जाएँ। यह कार्य सरल नहीं है क्योंकि शिक्षक वर्ग विभिन्न स्वभाव के व्यक्तियों का समूह होता है। हर एक की अपने मन की तरंगें हैं। कुछ भावुक हैं, कुछ कोमल हृदय हैं, कुछ उत्साही हैं, कुछ वृद्ध हैं, कुछ नवयुवक हैं, कुछ प्रशिक्षित हैं, कुछ अप्रशिक्षित। कुछ केवल समय व्यतीत कर रहे होते हैं। परन्तु प्रधानाचार्य का कार्य उन सभी व्यक्तियों को एक टोली के रूप में सम्मिलित करके विद्यालय के सम्पूर्ण क्रियाकलापों में उनका सहयोग प्राप्त करना है। एक दशा में प्रोत्साहन, दूसरी में कठिनाइयों पर विजय पाने में सहायता, इधर सुझाव, उधर आज्ञा देना—सभी कुछ आवश्यक है।

अध्यापकों को 'झिड़कने', 'डराने', 'कमजोर करने' की परम्परागत प्रथा को छोड़कर आज का मुख्याध्यापक 'प्रेरणा देना' तथा 'विश्वास करने' की नीति अपनाएगा।

श्री के.जी. सैयदेन (*K.G. Saiyadain*) के अनुसार एक अच्छा मुख्याध्यापक वह है जो अपने सहयोगियों को कठोर प्रेरित एवं प्रोत्साहित करता हो।

अध्यापक वर्ग एक आदर्श टीम के रूप में

शिक्षक को एक टोली में सम्मिलित करने के लिए आवश्यक है कि प्रधानाचार्य नीचे लिखी बातों के अनुसार कार्य करे:

1. *काम के बँटवारे का सिद्धान्त*: काम के बँटवारे का सिद्धान्त सदा ध्यान में रखकर शिक्षकों में भिन्न-भिन्न कार्य उनकी योग्यता, अनुभव, रुचि तथा कार्यक्षमता के अनुसार बाँट देने चाहिए। ऐसा करने से शिक्षकों के मन में शिक्षालय के कामों के बारे में अपनत्व की भावना आ जाती है और वे उत्साहपूर्वक काम करते हैं। उनमें उत्तरदायित्व की भावना आ जाती है।

2. *परामर्श लेना*: प्रधानाचार्य को चाहिए कि अध्यापन सम्बन्धी, अनुशासन सम्बन्धी तथा अन्य कार्यों में शिक्षकों का परामर्श ले। उनकी राय ध्यानपूर्वक सुने। यदि राय ठीक हो तो अपनाने में अपनी मानहानि न समझे।

3. *अध्यापक वर्ग के व्यक्तित्व का आदर करना*: प्रधानाध्यापक को चाहिए कि वह शिक्षकों को अपने अधीन न समझकर उन्हें अपना सहयोगी समझे। कभी भी कोई ऐसा कार्य न करे जिससे उनके व्यक्तित्व को चोट पहुँचे। अध्यापकों के प्रति विद्यार्थियों या उनके अभिभावकों के सम्मुख कभी भी कोई कठोर शब्द नहीं कहना चाहिए।

4. *मित्रवत् निरीक्षण*: अध्यापकों के कार्य का निरीक्षण क्रियात्मक ढंग से होना चाहिए। पुलिस की भाँति निरीक्षण हानिकारक है। प्रधानाचार्य का काम तो एक डॉक्टर के समान है जो रोग की जाँच करता है और उचित उपचार की व्यवस्था करता है। प्रधानाध्यापक यदि शिक्षण-कार्य में कोई त्रुटि देखता है तो शिक्षक को अपने कार्यालय में बुलाकर प्रेमपूर्वक समझा देना चाहिए। 'तुम कुछ नहीं जानते', 'तुम्हें पढ़ाना नहीं आता'–इस प्रकार के वाक्य नहीं कहने चाहिए।

5. *स्टाफ मीटिंग*: समय-समय पर प्रत्येक विद्यालय में अध्यापकों की सभा होनी चाहिए। प्रधानाचार्य को सभा का सभापति होना चाहिए। अध्यापकों में से ही एक मन्त्री चुना जा सकता है। सभी की बैठकों की कार्यवाही लिखी जाए अथवा नहीं, इसके बारे में विद्वानों में मतभेद है। सभाओं के लक्ष्य इस प्रकार होने चाहिए:

1. पाठशाला में दैनिक कार्य में उठने वाली समस्याओं पर विचार।
2. प्रधानाचार्य द्वारा किसी नई योजना तथा नवीन आदेश पर विचार-विमर्श तथा उसका स्पष्टीकरण।
3. शिक्षकों की कठिनाइयों और उनके सुझावों पर विचार।
4. परस्पर सहयोग तथा सहायता की भावना उत्पन्न करना।

5. किसी विशेष छात्र द्वारा अनुशासन भंग करने पर विचार-विमर्श।
6. वार्षिक उत्सव अथवा किसी अन्य महत्वपूर्ण काम की योजना बनाना।
7. सहपाठीय कार्यों की योजनाएँ बनाना।
8. पाठ्य-पुस्तकें निर्धारित करना।

इस प्रकार की सभाओं में सहयोग की भावना ही दिखाई देनी चाहिए। प्रधानाचार्य को अत्यन्त सावधानी से काम लेना चाहिए। प्रत्येक अध्यापक को अपने विचार प्रकट करने का पूरा अवसर देना चाहिए।

6. *अध्यापकों के व्यक्तित्व तथा पारिवारिक जीवन से सम्बन्ध*: कभी-कभी विशेष अवसरों पर शिक्षकों को अपने घर पर बुलाना चाहिए तथा उनके घर भी जाना चाहिए। उनके दु:ख-सुख में अवश्य सम्मिलित होना चाहिए।

7. *अध्यापक क्लब*: शिक्षालय में अध्यापकों के क्लब का भी होना श्रेयस्कर है। सभी अध्यापक इसके सदस्य होने चाहिए। इस क्लब के कार्य इस प्रकार होने चाहिए:

1. अध्यापकों की व्यावसायिक उन्नति के बारे में विचार करना।
2. आधी छुट्टी के समय चाय का प्रबन्ध करना।
3. आने-जाने वाले शिक्षकों का स्वागत करना तथा विदाई देना।
4. स्कूल की समस्याओं पर विचार करना।

इस क्लब का उद्देश्य प्रधानाचार्य और प्रबन्धकों की आलोचना नहीं होना चाहिए। प्रधानाचार्य को ऐसी सभाओं के बारे में विशाल दृष्टिकोण रखना चाहिए। ऐसे अनौपचारिक अवसरों द्वारा प्रधानाचार्य अपने शिक्षकों के बारे में काफी जानकारी प्राप्त कर सकता है।

अध्यापकों का सहयोग प्राप्त करने हेतु कुछ सुझाव
(Some Suggestions for Enlisting Co-operation of Students)

1. सर्वप्रथम मित्र बनने का प्रयत्न करना चाहिए।
2. सर्वदा प्रसन्नचित्त रहना चाहिए।
3. अध्यापकों को उनके नाम से शिष्टतापूर्वक पुकारना चाहिए।
4. अध्यापक वर्ग से मिलने के लिए सदा समय देना चाहिए और यह ध्यान में रखना चाहिए कि उन्हें मिलने के लिए प्रतीक्षा न करनी पड़े।

5. नम्रतापूर्वक व्यवहार करना चाहिए।
6. अपने लिए विशेष अधिकार प्राप्त करने से दूर रहना चाहिए।
7. उत्तरदायित्व सौंपने से पूर्व विचार-विमर्श कर लेना चाहिए।
8. प्रत्येक अध्यापक की समस्या पर सहानुभूतिपूर्ण विचार करना चाहिए।
9. दिए गए वचनों का पालन करना चाहिए।
10. प्रत्येक अध्यापक की राय का उचित आदर करना चाहिए।
11. अच्छा कार्य करने का पूरा श्रेय देना चाहिए।
12. यथासम्भव अधिकारों का भय नहीं दिखाना चाहिए।
13. अध्यापक वर्ग की सामाजिक पृष्ठभूमि से परिचित रहना चाहिए।
14. ऐसी धारणा नहीं रखनी चाहिए कि स्टाफ में दो दल अवश्य होते हैं।
15. किसी अध्यापक के प्रति असाधारण तथा बिना कारण पक्ष नहीं दिखाना चाहिए।
16. अस्वस्थ अध्यापकों के घर पर मिलने जाना चाहिए।
17. लज्जालु अध्यापकों के प्रति सहानुभूति रखनी चाहिए।
18. अध्यापकों को अपना पक्ष कहने देना चाहिए।
19. व्यक्तिगत कीचड़ नहीं उछालनी चाहिए।
20. दूसरे अध्यापकों की भावना का आदर करना चाहिए।
21. कम योग्यता अथवा शारीरिक विकारयुक्त अध्यापक को लज्जित नहीं करना चाहिए।
22. यदि किसी अध्यापक का कार्य विनोदपूर्ण लगे तो उसका उपहास नहीं करना चाहिए।
23. यह जानने का प्रयत्न करना चाहिए कि विभिन्न अध्यापक किस प्रकार का बर्ताव चाहते हैं और उसी के अनुसार यथासम्भव बर्ताव करना चाहिए।
24. अध्यापक की केवल अकेले में आलोचना करनी चाहिए।
25. कक्षा में जाने से पूर्व अध्यापक की अनुमति लेनी चाहिए।

परिवीक्षण तथा पर्यवेक्षण में अन्तर
(DIFFERENCE BETWEEN MONITORING AND SUPERVISION)

परिवीक्षण	*पर्यवेक्षण*
1. परिवीक्षण निरन्तर चलने वाली प्रक्रिया है।	1. पर्यवेक्षण में निरन्तरता नहीं होती है।
2. परिवीक्षण प्रक्रिया में आंकलन निदान की दृष्टि से किया जाता है।	2. पर्यवेक्षण प्रक्रिया में कार्यों के संचालन पर बल दिया जाता है।
3. परिवीक्षण में जवाबदेही को ध्यान में रखा जाता है।	3. पर्यवेक्षण में उत्तरदायित्वों को ध्यान में रखा जाता है।

आंकलन (मूल्यांकन) में मुख्याध्यापक का उत्तरदायित्व
(ROLE OF THE HEAD IN EVALUATION)

आंकलन का अर्थ (Meaning of Evaluation)

आंकलन का अर्थ है, स्कूल में किए जा रहे कार्यों की समीक्षा। इसका मुख्य उद्देश्य होता है अध्यापकों के कार्य की समीक्षा शिक्षा विभाग के अधिकारियों द्वारा तथा मुख्याध्यापक द्वारा ताकि शिक्षा के उद्देश्यों की पूर्ति उचित ढंग से की जा सके।

प्रबन्धन प्रक्रिया में आंकलन अन्तिम सोपान है, जैसा कि नीचे दर्शाया गया है:

बन्धन प्रक्रिया (Management Process)

↓

नियोजन (Planning)

↓

परिवीक्षण (Monitoring)

↓

पर्यवेक्षण (Supervision)

↓

आंकलन (Evaluating)

मुख्याध्यापक द्वारा आंकलन का महत्व तथा प्रक्रिया (Significance of Evaluation by the Head and Evaluation Process)

विद्यालय की प्रबन्धन प्रक्रिया में आंकलन का विशेष महत्व है तथा इसमें प्रधानाध्यापक की अहम् भूमिका रहती है। प्रधानाध्यापक द्वारा अनेक विधियों से अध्यापकों के कार्य का आंकलन किया जाता है।

प्रधानाचार्य न केवल मूल्यांकनकर्त्ता अपितु अध्यापकों के मार्गदर्शक तथा परामर्शदाता के रूप में भी कार्य करता है। उसे अपने साथ कार्यरत अध्यापकों का विश्वास जीतना होगा कि वह उनका हित-चिन्तक है न कि अलोचक। उसका कार्य बहुत ही कठिन है। वह केवल अध्यापकों की शिक्षण अधिगम प्रक्रिया का ही निर्देशन नहीं करता, बल्कि उनके सभी कार्यों का जो वे स्कूल में करते हैं, उनका मूल्यांकन करता है। शिक्षा विभाग के निरीक्षक केवल एक वर्ष या दो वर्ष में एक बार शिक्षण कार्य का निरीक्षण करते हैं। अतः यह मूल्यांकन प्रभावी नहीं होता। प्रधानाचार्य का उत्तरदायित्व है कि वह अध्यापकों के समस्त कार्यों का मूल्यांकन करें अर्थात् उनका स्कूल में समय पर आना-जाना, कक्षा में समय पर जाना, नियमित कक्षा में जाना तथा कार्य करना, गृह-कार्य को जाँचना, पाठ्यान्तर क्रियाओं में भाग लेना, परीक्षा-पत्र बनाना तथा उत्तर-पुस्तिकाओं की जाँच करना, अभिभावकों से स्नेहपूर्वक बातचीत करना आदि। इन सबका मूल्यांकन करने के लिए तथा सुझाव देने के लिए प्रत्येक अध्यापक सम्बन्धी उसे अपनी डायरी बनानी चाहिए तथा उसमें मूल्यांकन सम्बन्धी विचार लिखने चाहिए। तदुपरान्त वे स्नेहपूर्वक तथा बिना किसी तनाव आदि के अध्यापक से बातचीत करें।

अध्यापक मूल्यांकन में आधार बिन्दू (Focal Points for Teacher Evaluation)

अध्यापक का प्रमुख उत्तरदायित्व

अध्यापक का मौलिक कार्य बालकों के अधिगम अनुभवों को इस प्रकार पहल देना या निर्देशित करना है कि वे अपनी क्षमता के अनुसार अपना बौद्धिक, सौन्दर्यात्मक, चारित्रिक, शारीरिक एवं भावनात्मक विकास करके समाज के उपयोगी सदस्य बन सकें।

अध्यापक के मुख्य उत्तरदायित्व इस प्रकार हैं:

1. छात्रों का चारित्रिक विकास।
2. पाठ्यक्रम का विकास एवं संचालन।
3. व्यक्तिगत अन्तरों का निराकरण एवं विकास स्तर।
4. प्रभावशाली शिक्षण अधिगम।
5. उचित कक्षा-प्रबन्ध।
6. छात्रों के कार्यों का मूल्यांकन।
7. व्यावसायिक संबंधी मार्गदर्शन।
8. प्रभावी सामुदायिक सम्बन्ध।
9. संपूर्ण विद्यालय कार्य-साधकता।
10. छात्रों का सार्वजनिक परीक्षा में परीक्षा परिणाम।
11. अन्य साथियों के साथ बर्ताव।

अध्यापक मूल्यांकन विधियाँ (Methods of Teacher Evaluation)

1. अध्यापकों द्वारा पढ़ाये जाने वाले छात्रों के परीक्षाफल (Examination Result Based Rating)
2. स्वयं मूल्यांकन (Self-Rating)
3. छात्रों द्वारा अध्यापक के कार्य का मूल्यांकन (Student Rating)
4. साथी अध्यापकों द्वारा मूल्यांकन (Peer Rating)
5. शिक्षा निरीक्षकों द्वारा मूल्यांकन (Inspector Rating)
6. प्रधानाचार्य द्वारा मूल्यांकन (Head's Rating)
7. शिक्षा बोर्डों द्वारा मूल्यांकन (Education/Examination Board Rating)
8. समुदाय द्वारा मूल्यांकन (Community Rating)

मूल्यांकन तथा क्रम निर्धारण (रेटिंग) (Evaluation and Rating)

मूल्यांकन के पश्चात् क्रम-निर्धारण की अवस्था है। क्रम-निर्धारण का अर्थ है किसी व्यक्ति या वस्तु में किसी गुण अथवा गुणों की मात्रा को आंकना। यह ऐसे गुणों जैसे प्रयत्नशीलता, सहयोगिता, अभिवृत्ति, आज्ञा-पालन, अवधान, कर्त्तव्यनिष्ठा आदि के मूल्यांकन की विधि है। मूल्यांकन संख्या, प्रतिशत या वर्णों

द्वारा दर्शाया जाता है अथवा भावात्मक विवरणों द्वारा; प्रत्येक गुण की व्यावहारिक परिभाषा करके उसे मापन का एक आयाम मान लिया जाता है।

प्राय: अध्यापकों के मूल्यांकन के रेटिंग में निम्न शब्दावली का प्रयोग किया जाता है:

1. उत्कृष्ट (Excellent)
2. अति उत्तम (Very Good)
3. अच्छा (Good)
4. सन्तोषजनक (Satisfactory)
5. असन्तोषजनक (Below Satisfactory)

मुख्याध्यापक द्वारा दी जाने वाली रिपोर्ट का नमूना अर्थात् जिन तथ्यों का ध्यान दिया जाता है, वह नीचे दिये जा रहे हैं:

वार्षिक अध्यापक गोपनीय मूल्यांकन प्रपत्र
(ANNUAL CONFIDENTIAL ASSESSEMENT OF TEACHER'S PROFORMA)

वर्ष (Year) ....

भाग I (Part I)

सामान्य विवरण (General Information)

विद्यालय का नाम (Name of the School)..

1. अध्यापक का पूरा नाम (Name in Full) ....
2. पिता/पति का नाम (Father's/Husband's Name) ....
3. जन्म-तिथि (Date of Birth)..
4. योग्यताएँ (Qualification)..
5. पद (Designation)..
6. वेतनमान (Scale of Pay)..
7. प्रथम नियुक्ति तिथि (Date of Initial Appointment)...........................
8. पदोन्नति की तिथि (Date of Promotion)..
9. निवास स्थान का पता (Residential Address)..................................

10. स्कूल तथा घर में दूरी (Distance between Place of Posting and Residence)...

11. वर्तमान स्कूल में नियुक्ति की तिथि (Date of Posting in the Present School)

12. इस स्कूल में आने से पूर्व स्कूल का नाम तथा पता (Name of School Where earlier posted during the Current Academic Session under Report)...

भाग II (Part II)

परीक्षाफल (Result)

विषय *(Subjects)*	कक्षा पढ़ायी *(Classes Taught)*	समय जिस अवधि में कक्षा को पढ़ाया *(Period in which Classes Taught)*	छात्रों की संख्या *(No. of Students Appeared)*	पास छात्रों की संख्या *(No. of Students Passed)*	परिणाम प्रतिशत *(Result % age)*	विशिष्ट उपलब्धियों की संख्या *(No. of Distinctions)*
1	2	3	4	5	6	7

बोर्ड परीक्षाफल से तुलना (Comparison of Board Results)

कक्षाओं में पढ़ाये जाने वाले विषय *(Subject Taught in Class)*		पिछले वर्ष का परिणाम *(Previous Year's Result*		इस वर्ष का परिणाम *(Current Year's Result*		विशिष्ट उपलब्धियों की संख्या* *(No. of Distinction)*	अंतर *(Deviation in Result (+) (–)*
X	XII	X	XII	X	XII		
1	2	3	4	5	6	7	

भाग III (Part III)
अध्यापक का स्वयं मूल्यांकन
(Self Assessment by the Teacher)

I. पाठ्यक्रमीय क्रियाएँ (Curricular Activities)

1. *कक्षा शिक्षण* (*Classroom Teachings*)

(i) वर्ष के प्रारम्भ में क्या सलेबस तैयार किया गया?

(Whether term-wise syllabi was prepared in the beginning of the session)

(ii) सलेबस पूरा किया गया (Syllabi covered)

(iii) सलेबस का जो अंश पूरा नहीं किया गया (Portion not covered, reasons thereof)

(iv) पाठ योजना (Lesson Planning)

– क्या 5% आदर्श पाठ योजना डायरी में दर्शायी गई?

(Whether 5% Model lesson planning indicated in diary or not?)

– क्या ऊपर के अनुसार कक्षा में कार्य किया गया?

(What % of lessons taught were followed by the Class?)

– क्या श्रव्य-दृश्य सामग्री का प्रयोग किया गया?

(Whether Audio-Visual Aids were used?)

– क्या पहले से श्रव्य-दृश्य सामग्री तैयार की गई?

(Whether list of Audio-Visual Aids prepared?)

(v) गृहकार्य (Home Assignment):

– कक्षा कार्य तथा गृहकार्य के लिए अलग-अलग अभ्यास-पुस्तकें रखी जाती हैं?

(Whether separate note books for class work and home work are prepared?)

– औसत प्रति सप्ताह कितना गृहकार्य दिया जाता है? संख्या लिखें।

(How many assignment on an average are given per week?)

– कॉपियाँ जाँचने की क्या पद्धति है?

(What is the system of checking the note book?)

– अनुवर्ती कार्य किया गया अथवा नहीं?

(Whether the follow-up is being done?)

(vi) कक्षादत्त कार्य (Class Room Assignment):

– जाँच तथा अनुवर्ती कार्य (Checking and follow up of assignment)

(vii) प्रतिभाशाली तथा कमजोर छात्र की पहचान

(Identification of Talented/Weaker students):

– दोनों पक्षों में निष्पादन सम्बन्धी पग उठाए गए

(Steps taken to improve two categories

(viii) छात्रों में पलायनशीलता रोकने सम्बन्धी पग

[Steps taken to improve the truancy in class (s)]

2. *मूल्यांकन (Evaluation)*

(i) अभीक्षण/निरीक्षण (Invigilation)

(ii) कक्षा कार्य/गृहकार्य का मूल्यांकन

(Evaluation of class work/home assignment)

(iii) टैस्ट तथा परीक्षा उत्तर-पुस्तिकाओं का मूल्यांकन

(Evaluation of Test and Exam. Answer Sheet.)

3. *अभिलेखों का रख-रखाव (Maintenance of Records)*

(i) कक्षा उपस्थिति रजिस्टर (Class Attendance Register)

(ii) अध्यापक डायरी (Maintenance of Teacher's Diary)

(iii) प्रगति पत्र तथा परीक्षा परिणाम अभिलेख

(Preparation of Report-Books, Results Sheets)

(iv) अन्य अभिलेख (Any other record maintained)

4. *शैक्षिक निर्देशन* (*Educational Guidance Provided To*)
   – छात्रों को/अभिभावकों को
5. *वृत्तिक विकास* (*Professional Growth*)
   – पुस्तकें पढ़ी गईं (Books read)
   – गोष्ठियाँ तथा कार्यशालाओं में भाग (Seminars/workshops attendant)
6. *सम्बन्धात्मक विवरण* (Relationship With)
   – अभिभावक (Parents)
   – प्रधानाचार्य (Head of the Institution)
   – साथी अध्यापक (Colleagues)
   – छात्र (Students)

II. पाठ्यान्तर क्रियाएँ (Co-curricular Activities)

– पाठ्यक्रमों के नाम [Co-curricular activities undertaken (specify)]
– खेल/राष्ट्रीय सेवा कार्य/स्कूल उत्सव (Sports/NSS/School function)
– उपलब्धियाँ (What are the achievements)

III. समुदाय सेवाएँ (Community Services)

– समुदाय के लिए कार्य का ब्यौरा (Work done for community)

....

तिथि (Date) .... अध्यापक के हस्ताक्षर

(Signature of the Head of the School)

भाग IV (Part IV)
विद्यालय मुख्याध्यापक द्वारा मूल्यांकन
(Assessment by the Head of the School)

1. भाग दो पर टिप्पणी–क्या आप इससे सहमत हैं? यदि नहीं, तो क्यों? प्रमाण दें।

   (Please comment on Part II as filled is by the official and specifically state whether you agree with the answer or not. If not, give reasons thereof)

2. समयनिष्ठा (Punctuality)
   – स्कूल तथा कक्षा में (In attending the school as well as class periods)
3. ईमानदारी तथा समग्रता (Honesty and Integrity)
4. तत्परता तथा पहल-शक्ति (Promptitude/Initiative)
5. वर्ष में प्राइवेट ट्यूशनें कीं या नहीं (Whether private tutions taken during the year)
6. वर्ष में अति उत्तम कार्य किया या नहीं (Whether responsible for any outstanding work during the year)
7. मौखिक रूप अथवा लिखित रूप में शिक्षक की भर्त्सना की या नहीं, विवरण दें (Whether reprimanded verbally/in writing for indifferent work or other reason during the year. Give details)
8. अध्यापक के बारे में अन्य विवरण (Observations of the Head of the school regarding the teacher)
9. रेटिंग: उत्कृष्ट/बहुत उत्तम/उत्तम/साधारण/असन्तोषजनक
   (Grading: Out-standing/Very Good/Good/Average/Poor)

   (उत्कृष्ट/असन्तोषजनक रेटिंग पर उपयुक्त टिप्पणी)

   (In Case of Outstanding/Poor Give Full Justification)....................

प्रधानाचार्य के हस्ताक्षर

तिथि (Date) .... (Signature of the Head of the School)

भाग V (Part V)
अगले उच्च अधिकारी द्वारा मूल्यांकन
(Assessment by the Next Higher Officer)

....

अधिकारी के हस्ताक्षर

तिथि (Date)...................... (Signature of the Officer)